TOUS LES SECRETS
D'UN CONSEIL
EN RECRUTEMENT

Éditions d'Organisation
1, rue Thénard
75240 Paris Cedex 05
www.editions-organisation.com

Dans la même collection

Cécile CANIEZ, Véronique JAILLET, Pascale LEVET, Pascal POIGET, Jean THILY, *Le guide de la recherche d'emploi*, 1999.

Christophe DUCHATELLIER, Charles-Henri DUMON, *Le Handbook des métiers*, 2000.

Charles-Henri DUMON, *Le guide de l'entretien de recrutement*, 6ème édition, 2002.

Charles-Henri DUMON, *Les 7 secrets de ceux qui ne sont jamais au chômage*, 1999.

Jean-Paul VERMES, *Le guide du CV*, 4^{éme} édition, 2002.

© Éditions d'Organisation, 2002
ISBN : 978-2-7081-2731-9

LE FIGARO
ENTREPRISES

Maryvonne LABEILLE

TOUS LES SECRETS D'UN CONSEIL EN RECRUTEMENT

Éditions
d'Organisation

Remerciements

Nombreux sont ceux qui, sans forcément le savoir, ont contribué à la rédaction de ce livre : mes confrères, clients, candidats, l'équipe de Labeille Conseil, ont permis, par une relation fidèle ou ponctuelle, d'enrichir mon expérience de chasseur de têtes en apportant leur expérience et leur soutien.

Je remercie particulièrement mes confrères, les dirigeants d'entreprises et les partenaires qui ont bien voulu témoigner dans ce livre :

Hymane BEN AOUN, Pdg de Diaphane Consultants

Roland CHABRIER, Pdg de H&C Consultants

Françoise DISSAUX DOUTRIAUX, Dirigeante de K Personna

Claude DOS REIS, Directeur associé de Sirca

Jean-François DROUOT L'HERMINE, Pdg de Drouot L'Hermine Consultants

Victor ERNOULT, Dirigeant de Ernoult Search Infraplan

Evelyne FELDMAN, Dirigeante de Feldman Conseil

François HUMBLOT, Président du directoire de Humblot-Grant Alexander

Pierre LEMAHIEU, Dirigeant de Pierre Lemahieu Conseil

Jackie TOD, Dirigeante de Rossignol, Tod et Associés

Jean-Paul VERMES, Vice-président de TMP Worlwide

Volker BURING, Directeur général des ressources humaines et de l'organisation du groupe Accor

Hervé COURVOISIER, Directeur général de Mr Bricolage

Pascale DESVALLEES, Directrice des ressources humaines de Virbac

Jean-Claude JAUNAIT, Président de Système U

Jacques PICHOT, Directeur général adjoint ressources humaines du groupe Air France

Maurice VAX, Président du conseil d'administration de Mr Bricolage

Pierre DAYNES, Manager de pilotes automobiles

Juliette de DIETRICH, Graphologue

Eric DUFOUR, Directeur délégué de l'Express

Frédérique GAUTHIER, Directrice déléguée de Job Rencontres

Thibaut GEMIGNANI, Directeur de Cadremploi

Tierry LORANG, Directeur associé de Publicorp

Thierry LUPIAC, Délégué juridique et fiscal de la Fédération Syntec

Philippe PILLIERE, Directeur général adjoint de Publiprint / groupe Le Figaro

Didier PITELET, Pdg de Guillaume Tell

Sans oublier Jacques LANDREAU qui a présidé Syntec Recrutement et rassemblé la profession autour de valeurs que je partage.

Cette liste serait incomplète sans une pensée particulière pour mes plus proches, qui m'ont soutenue avec amour et compréhension.

Sommaire

Les témoignages des professionnels et des dirigeants d'entreprises

Introduction

Vous imaginez la vie passionnante du chasseur de têtes qui tel un espion, un détective ou un juge d'instruction instruit les pièces de votre candidature ! Parfois vous rêveriez d'être à sa place pour connaître les secrets intimes de ses cibles et détenir le pouvoir sur la nature humaine si complexe à comprendre et encore plus à maîtriser... vaste programme !!!

Dites-moi si, en tant que candidat, cette idée ne vous a jamais traversé l'esprit ? Surtout si vous aviez le sentiment d'être le candidat le plus adapté et que votre force de conviction n'a pas suffi pour obtenir le poste de vos rêves !

Vous croiserez inévitablement, et de plus en plus, le chemin des chasseurs de têtes parce que l'évolution, voulue ou non, de votre carrière passe par le recrutement. Vous avez déjà traversé ces processus de sélection, et vous le ferez encore davantage à l'avenir, parce qu'une carrière ne se réalisera plus dans la même société.

Vous avez peut-être déjà transformé cette obligation en opportunité, vous vous êtes préparé de mieux en mieux à la vivre en vous considérant comme "un produit marketé", identifiant vos compétences, votre valeur ajoutée, vos cibles et vos outils de recherche. Votre bilan de compétences vous y a aidé, vous avez affiné vos techniques d'entretien (vous êtes meilleur au dixième entretien qu'au premier !), les recruteurs et chasseurs de têtes que vous avez rencontrés vous y ont aidé !...

Votre professionnalisme de candidat semble parfait, vous maîtrisez les techniques et pourtant, vous n'avez pas encore atteint votre objectif ?

Et si vous vous mettiez à la place de votre chasseur de têtes ?

Se mettre à la place de l'autre est bien utile dans bon nombre de circonstances de la vie ; comprendre son objectif, ses difficultés, ses critères permet d'être beaucoup plus efficace dans sa communication. Parce que de cette façon, vous saurez adapter vos attitudes, votre comportement, votre langage à ses attentes.

On ne l'aura que trop dit : "Intéressez-vous à l'autre, il vous comprendra". Ce livre n'est pas le guide du meilleur communicant, ce n'est pas son objectif même si le fait d'écouter votre chasseur de têtes ne pourra que vous servir (il peut être une mine d'informations !). Je vais essayer par contre de vous donner dans les chapitres suivants, et à travers mon expérience, son point de vue, ses secrets, tout ce qui vous permettra de mieux le connaître pour mieux vous adapter à cette situation et être encore plus performant !

Le chasseur de têtes n'est ni espion, ni détective, ni juge d'instruction, et pourtant il exerce un métier qui ne peut être celui de l'à peu près car il s'agit de l'humain : s'assurer que vous êtes le candidat idéal et que l'entreprise et le poste sont bien ceux dans lesquels vous vous épanouirez !

Que vous soyez un candidat averti ou tout nouvellement "chassé", écoutez-le, comprenez-le, partagez ses secrets, il peut vous apporter beaucoup.

Chapitre 1

QU'ATTENDRE DU CHASSEUR DE TÊTES ?

QU'ATTEND L'ENTREPRISE DU CHASSEUR DE TÊTES ?

Pourquoi l'entreprise fait-elle appel au chasseur de têtes ?

L'entreprise fait appel au chasseur de têtes pour diverses raisons :

- Elle veut bénéficier des conseils du chasseur de têtes pour optimiser son recrutement et avoir accès rapidement aux candidats répondant le mieux à son besoin.

- Elle souhaite recruter dans la plus grande confidentialité.

- Sa structure interne en ressources humaines ne lui permet pas d'assurer qu'une partie de ses recherches, et elle utilise le cabinet en sous-traitance pour compléter la capacité de production de ses équipes.

- De plus, il faut garder en mémoire qu'elle ne peut pas elle-même débaucher.

Nous sommes ici dans des configurations extrêmement différentes, en rapport avec la nature des postes à pourvoir. On ne recrute pas un futur DG comme un jeune cadre et on n'utilise pas son chasseur de têtes de la même façon.

Les méthodes employées sont dès lors différentes et opposent en quelque sorte les cabinets d'approche directe aux cabinets spécialistes de la recherche par annonces. L'évolution du marché a toutefois quelque peu confondu les méthodes. L'essentiel pour le cabinet étant d'utiliser celle qui est la mieux adaptée au besoin de son client. Recruter une compétence très spécifique, même pour un poste de cadre intermédiaire, peut nécessiter une approche directe au même titre que le recrutement d'un directeur général peut tout à fait se réaliser par annonce ! En synthèse, les demandes des entreprises vis-à-vis de leur conseil évoluent en fonction du marché, l'essentiel de la demande portant sur la recherche et l'évaluation de candidats.

COMMENT SONT STRUCTURÉS LES CABINETS DE CHASSEURS DE TÊTES ?

JEAN-PAUL VERMES

Vice-président de TMP Worldwide

Aujourd'hui le marché se structure en deux parties :
- **les cabinets de niches** qui apportent un service aux entreprises ;
- **les cabinets de grande taille** qui, tout en conservant un contact privilégié et humanisé avec leurs interlocuteurs, peuvent faire davantage de choses sur une échelle plus large.

Une entreprise peut utiliser les deux

La tendance actuelle est aux regroupements dans le recrutement et les ressources humaines. Il y a donc l'émergence de trois ou quatre grands groupes et parallèlement des cabinets à taille humaine.

Si on prend l'exemple du conseil juridique dans la vie des entreprises, les deux ou trois avocats fidèles de l'entreprise n'excluent pas Francis Lefebvre !

Un gros cabinet peut être équipé pour recruter 100 à 200 collaborateurs d'un seul coup, les moyens sont adaptés aux besoins des entreprises, la grosse entité apporte une puissance de feu.

Pendant ce temps-là, le petit cabinet apporte une plus-value, une spécialisation sur un marché...

Internet bouscule le marché, mais finalement les bases de données sont à tous et accessibles à tous, que ce soit à l'entreprise, au gros ou petit cabinet et au candidat.

Il faut savoir utiliser les bases de données, c'est un gisement d'offres et de candidats. Plus personne ne sera propriétaire des bases de données. Le candidat sera accessible à tous.

Pour le candidat, il est primordial de mettre son CV dans les bases de données des gros sites ainsi que sur ceux des cabinets spécialisés dans son domaine.

Avec l'accès par tous aux bases de données, le métier de conseil en recrutement quel que soit le type de structure, sera de plus en plus orienté vers le fondamental du métier c'est-à-dire vers le diagnostic et l'évaluation et pas exclusivement vers le "sourcing" et la recherche. La valeur ajoutée du métier est là.

Néanmoins, la période faste du recrutement que l'on a connue a nécessité de développer la capacité à bien vendre l'entreprise et ses opportunités, comme à assurer un suivi rigoureux des candidats dans le processus de recrutement. En effet, sans vigilance sur ces aspects, et parce que les candidats sont fortement sollicités par ailleurs, l'entreprise ne sait pas toujours faire valoir ses opportunités surtout par rapport à sa concurrence. Les candidats, ayant souvent plusieurs offres en main, s'intéresseront non seulement au poste et à l'entreprise mais également à la façon dont ils seront traités, devenant ainsi de véritables clients.

L'entreprise aura d'ailleurs tout intérêt à tenir les promesses faites au candidat lors du processus de recrutement. Il lui faudra bien intégrer et accueillir le candidat recruté pour éviter les déceptions et les tentations de répondre à d'autres sollicitations.

☞ *C'est le cas d'une candidate qui était récemment encore en période d'essai dans l'entreprise qui venait de la recruter. Elle exprima son intention de se lancer dans une nouvelle recherche après sa déception sur son récent choix en disant : j'ai vu le pavillon témoin, cela suffit à me donner envie d'aller voir ailleurs !*

MON ATTENTE ENVERS LE CHASSEUR DE TÊTES ?
JEAN-CLAUDE JAUNAIT
Président de SYSTÈME U

– Qu'il fasse une bonne analyse des besoins de l'entreprise, qu'il passe le temps nécessaire et régulièrement pour comprendre ses problèmes de management et de recrutement (les deux sont liés).

– Qu'il soit une aide et un conseil pour le candidat, qu'il l'aide à se vendre en tant que "produit".

– Qu'il sache ensuite le vendre à l'entreprise même si cela ne correspond pas totalement à un besoin (un chef d'entreprise ne sait pas toujours demander, il aime qu'on lui apporte).

– Qu'il propose un choix : choisir, c'est éliminer.

.../...

> – Qu'il prévienne du point de faiblesse du candidat, à l'usage ce seront les points de faiblesse qui poseront problème.
>
> Pour moi, le chasseur de têtes n'est pas un négociant en têtes, mais un conseil qui trouve la bonne adéquation produit / marque.

Le rôle de conseil du chasseur de têtes

Tout au long du processus de recrutement, le chasseur de têtes va conseiller son client... comme ses candidats. Son rôle sera successivement celui d'expert, de traducteur de langage, de psychologue, d'organisateur lors des différentes phases. Néanmoins et pour bien concentrer ses efforts, la définition du besoin reste la clé de voûte de sa mission. De nombreux dirigeants confiant leur recrutement au chasseur de têtes comptent sur lui pour clarifier leur besoin tant en terme de missions que de structure, et attendent surtout sa compétence, soit sur le secteur d'activité, soit sur le type de poste. Le dirigeant croit savoir comment il se positionne face à ses concurrents et a souvent tendance à penser qu'il est le plus attractif ; il appartient au conseil de lui apporter une vision complémentaire du marché.

La rémunération est également un domaine où il attend des conseils, même si l'on sait que ce critère, à haut niveau de poste, sera rarement un frein en finalisation de processus. Celle-ci doit être bien définie dans une fourchette pour éviter d'aller trop loin avec des candidats qui ne pourraient finalement s'y inscrire.

Le sujet de la rémunération en période d'embellie économique, devient source de discussion quand il y a une différence entre les grilles de rémunérations pratiquées par l'entreprise et celles du marché vers lesquelles il faut tendre pour être attractif.

Le sujet des stocks options potentiels est également une source supplémentaire d'attrait pour les cadres dirigeants. Quand l'entreprise ne peut les proposer, elle a intérêt à trouver une façon d'optimiser la rémunération annoncée.

> Il faut attirer l'attention sur l'attrait de la rémunération pour les candidats et sur la tendance française à penser que les salariés ne travaillent pas pour de l'argent. Les actionnaires d'un groupe multinational s'interrogeaient récemment sur les bas niveau de rémunération des cadres supérieurs de la zone Europe et particulièrement de la France. Le vice président Europe leur précisa : "Ici on ne travaille pas pour de l'argent", les actionnaires américains répliquèrent :" Si pour vous non, pour nous c'est le cas ! et cela ne nous rassure pas !".

Peu d'entreprises disposent de descriptif de poste précis, pour les postes à haut niveau. Il appartient au chasseur de têtes de l'assurer en collaboration avec son client même si celui-ci a naturellement peu de temps à "perdre".

Les missions confiées, la situation du poste dans l'entreprise et son organigramme, le système de reporting, les objectifs quantitatifs et qualitatifs, les relations fonctionnelles comme la contribution aux différentes réunions sont autant de points qui seront scrupuleusement abordés et restitués par écrit au client pour validation avant de les transmettre aux candidats potentiels.

A partir de cet état des lieux, le profil recherché sera décrit par le client le plus souvent dans les grandes lignes car il attend d'être compris immédiatement par son chasseur de têtes. C'est pourquoi, lorsque la collaboration se passe bien, il fait appel au même chasseur pour ne pas avoir à se répéter.

> *De manière anecdotique, je m'aperçois que plus le niveau du poste est élevé et plus le client décrit son futur collaborateur en termes psychologiques et génériques plutôt qu'en termes de compétences.*
>
> *"Vous savez il faut que ce soit un bon manager, dynamique et disponible capable de plaire à tout le monde...».* Autant *d'informations qui méritent d'être précisées !!!*

Il revient au chasseur de têtes d'affiner le profil en fonction de sa connaissance du marché.

Sa mission est ainsi de mettre en garde son client contre les difficultés probables de la recherche et de réorienter le profil si nécessaire.

C'est pourquoi l'évolution des pratiques des cabinets, comme des demandes des entreprises, a segmenté le recrutement, renforçant les spécialités des cabinets et la pertinence d'approche du marché.

Les meilleurs partenariats cabinet/client font les meilleurs recrutements. Un dirigeant ayant été lui-même chassé précédemment saura utiliser à bon escient les conseils de son recruteur pour réussir à son tour ses recherches.

La mise en œuvre de la méthodologie

Le tableau est dressé, on sait pourquoi on va recruter et qui ! Se pose alors la question du comment !

Comme on l'a vu, le comment se définit à partir de plusieurs critères :

Si la cible de candidats est suffisamment précise, on peut aller les chercher là où ils se trouvent. Si elle est très ouverte, elle nécessite alors une communication plus large.

Se rajoute à cette considération, celle de la confidentialité.

Une annonce même anonyme peut attirer le regard des collaborateurs de l'entreprise ou de ses concurrents et l'on préférera la discrétion de l'approche directe.

Le délai de recherche va également influer sur la méthodologie : une approche directe, concerne des candidats en poste qu'il va falloir convaincre et qui de toute façon auront un délai de préavis. Le candidat qui répond à une annonce est *a priori* mûr pour envisager sa mobilité et se rendra vraisemblablement disponible plus rapidement.

Petit snobisme également, le chasseur de têtes est valorisé par son client, ses méthodes sont plus attractives que celles du simple conseil en recrutement par annonce.

Le chasseur de têtes va prendre en considération tous ces critères pour proposer la méthodologie de recherche la plus adaptée. Pour lui, l'essentiel c'est de trouver le candidat adéquat, peu importent les moyens !

Et quelle que soit la méthode choisie, il utilisera en plus les sites Internet comme les associations d'anciens des écoles et son fichier pour communiquer sur le besoin de son client. Sa préoccupation actuelle, compte tenu de la multiplication des outils de communication de recrutement, est de les utiliser à bon escient. De nombreux cabinets assurant des recherches soi-disant par approche directe diffusent aussi l'offre dans les bulletins des associations d'écoles, sans toujours respecter les critères initiaux de confidentialité.

La communication des offres reste un exercice intéressant pour le conseil en recrutement. Il est délicat de réduire en quelques mots l'entreprise, le poste et le profil recherché. C'est une facette de son métier souvent oubliée mais où il exerce un véritable rôle de conseil. En période de plein emploi des cadres, une offre bien formulée et attractive ciblera les bons candidats. Combien d'annonces spécifient sous forme de langage standard : «groupe leader sur son marché… recherche homme ou femme de 35 ans

diplômé d'école de commerce et ayant tel type d'expérience...»
Très souvent, peu d'informations apparaissent sur le poste et les
missions confiées ! Le rôle du conseil, comme celui de l'agence de
publicité de recrutement est de traduire le langage et surtout de
l'adapter au lectorat pour qu'il puisse identifier le besoin et se
l'approprier s'il a le profil recherché !

Quel art délicat de réduire en quelques mots l'essentiel ! La volatilité apparente de l'information *via* Internet nécessite le même
travail dans la parution des offres sur les différents sites. La difficulté de tenir compte des spécificités de chaque site rend l'exercice encore plus laborieux pour le recruteur !

Son métier dans la partie "sourcing" de candidats a largement
évolué ces trois dernières années avant que le marché des sites
Internet ne s'assainisse naturellement.

LE MYTHE DU CHASSEUR DE TÊTES
JACKIE TOD

Dirigeante de Rossignol, Tod et Associés,
Ex-présidente de l'Aprocerd / ex-syndicat professionnel d'executive search
et vice-présidente du syndicat du conseil en recrutement Syntec

En tant que Présidente de l'Aprocerd, j'ai cherché à limiter le mythe du chasseur de têtes entretenu par certains en France. C'est un métier qui est resté trop long-temps discret et sur lequel on n'avait pas communiqué dans la presse.

Il ne faut pas croire que ce soit un métier d'amateur ; la méthodologie est rigou-reuse et stricte alors qu'il semble de l'extérieur être un métier surtout de rela-tions.

Toutes les informations sont collectées et mises dans une base de données et beau-coup ne se rendent pas compte de la façon dont nous travaillons.

Nous ne passons pas notre temps en cocktails et dîners en ville.....

Le métier est mûr dans les autres pays, il y a une grande ouverture vis-à-vis du chasseur de têtes, on sait mieux l'utiliser aussi. Quand on chasse des candidats, ils donnent sans aucune méfiance des noms de collègues qui peuvent répondre au profil; il n'est pas rare qu'un candidat arrive en entretien avec le CV d'un copain d'ailleurs!

Il n'y a qu'en Allemagne où il y aurait encore un peu de méfiance vis-à-vis du chasseur de têtes.

La recherche et la sélection

Une fois le besoin et la méthodologie de recherche définis, le chasseur de têtes va maintenant agir et mettre en œuvre les moyens qu'il a préconisés et assurer son rôle de sélection.

Savez-vous que le recruteur est alors dans une phase d'incertitude ? Va-t-il trouver les bons candidats, intéressés par le poste et l'entreprise, et faire aboutir la recherche dans les meilleurs délais ? Son contrat de collaboration garantit les moyens et non les résultats, pour autant il recherche le résultat !

La mise en œuvre des moyens de recherche ne s'est pas simplifiée aujourd'hui par la multiplication des outils de communication et bon nombre de cabinets se sont structurés pour y répondre. Le métier du E-recrutement apparaît en plus de celui des chargés de recherche. Le premier est en charge des parutions d'offres sur les sites et la recherche de candidats *via* les différentes candidathèques des sites, le second identifie, cible et contacte les candidats par approche directe.

La conjonction de ces moyens permettra au recruteur d'avoir les candidatures adéquates et de devoir les sélectionner.

L'évolution du marché du recrutement n'a pas réduit le travail du recruteur. En période de crise, il a parfois pléthore de candidats et doit sélectionner les meilleurs. En période faste, il s'investit sans doute davantage en amont dans "le sourcing" afin de trouver les candidats à sélectionner, mais le processus dans sa globalité lui demande autant de travail.

Le marché est devenu plus transparent, ses méthodes également. La demande de rapidité de recherche a augmenté mais l'efficacité est incontournable, même si la mobilité instituée aujourd'hui pourrait permettre quelques erreurs tant pour les candidats que pour les entreprises.

Dans son rôle de sélection, le recruteur établit des critères précis qui vont répondre aux besoins de l'entreprise et, que ce soit sur CV ou par l'intermédiaire de son chargé de recherche, il les appliquera.

En tant que candidat, vous aurez en partie connaissance de ces critères à travers les annonces ou les éléments d'information du chargé de recherche. Mais néanmoins certains des critères de l'entreprise ne vous seront pas forcément dévoilés en cours de processus.

Les critères les plus avouables sont liés à l'âge (même si cela peut être considéré comme discriminant), à la formation et surtout à l'expérience. Se rajouteront dans certains cas ceux de la pratique de langues, de compétences spécifiques liées à un poste ou à un secteur d'activité et des éléments plus personnels comme celui de la mobilité, de la rémunération…

Les critères concernant votre comportement seront plus difficiles à appréhender et seront mesurés par votre expérience, ce que vous connaissez de vos atouts et de vos limites et éventuellement, comme on le verra plus loin, au travers d'outils complémentaires.

La sélection se fait dans la durée. Le premier entretien avec le recruteur permettra déjà un premier tri et mettra en phase vos objectifs et vos compétences avec une opportunité ; vous deviendrez le candidat choisi au fil du processus. Il ne s'agit pas seulement d'un parcours du combattant mais d'une histoire que vous allez vivre ensemble, dans laquelle chacune des parties a son libre choix et que naturellement vous conclurez ou non ensemble.

C'est pourquoi nous savons, recruteur que nous sommes, que le délai de maturation nécessaire de part et d'autre est source d'enrichissement pour l'avenir.

L'interface entre l'entreprise et les candidats

Toute vérité est-elle bonne à dire ?

C'est l'interrogation potentielle du recruteur, quelles informations va-t-il transmettre à l'entreprise sur le candidat et au candidat sur l'entreprise ?

Nous sommes ici dans une relation tripartite où le recruteur est véritablement le traducteur de langages. Il doit aider l'entreprise et le candidat à se présenter naturellement tels qu'ils sont..

Il aura à votre égard un véritable rôle de conseil, attentif à vous fournir toutes les informations dont vous avez besoin pour vous positionner, comme à mesurer votre ressenti après votre premier entretien avec l'entreprise. Au même titre, il échangera les feed-backs respectifs après l'entretien pour renforcer les points communs aux deux parties ou mettre à jour les éléments qui nécessitent d'être précisés.

Si vous faites partie des finalistes du recrutement, le recruteur entretiendra avec vous autant de relations qu'avec l'entreprise.

Il donnera à l'entreprise les informations essentielles vous concernant et au-delà de votre profil et de votre parcours, s'intéressera à vos motivations. Elles deviendront au fil du recrutement le critère essentiel tant pour vous que pour l'entreprise qui vous choisira.

Si vous avez le sentiment qu'il vous en dit trop peu, soit le recrutement est en cours et le comparatif entre les candidats ne peut encore se faire, soit vous n'êtes peut-être pas parmi les finalistes.

N'oublions pas également que les processus peuvent se rallonger en fonction des impératifs des entreprises et de leurs évolutions et que le recruteur n'en est pas maître.

Même si, au moment de la définition du besoin par l'entreprise, le critère rapidité a le plus souvent fait partie du cahier des charges ; on se rend compte que le processus de décision est rallongé souvent par l'entreprise. La rencontre avec les candidats lui pose de nouvelles questions et lui fait revoir ses propres critères, elle ajuste son besoin le plus souvent dans cette phase.

Parfois pour certains candidats ne présentant pas toutes les qualités requises, le choix se portera sur d'autres critères tels que les affinités, l'adaptation à l'environnement de l'entreprise et la motivation qui deviennent prioritaires.

Ce rôle d'interface ne s'arrêtera pas au processus de recrutement mais continuera pendant votre phase d'intégration dans l'entreprise. Qui sera mieux placé pour vous connaître, valider de part et d'autre la période d'essai et pour échanger sur d'éventuelles interrogations ?

Vous allez alors imaginer que le consultant s'intéresse à la garantie qu'il a vendue lors de sa prestation et s'assure qu'il n'aura pas à renouveler la recherche le cas échéant ? Pas seulement, il s'intéresse aussi à l'épanouissement de la ressource humaine que vous êtes et peut vous être utile.

CE QUE J'ATTENDS DES CHASSEURS DE TÊTES ?
JACQUES PICHOT
Directeur général adjoint Ressources Humaines du groupe Air France

On ne demande pas à un chasseur de têtes, ce que l'on attend d'une petite annonce. Si l'on s'adresse à un chasseur de têtes, c'est pour trouver un candidat qui a un profil en adéquation, non seulement avec le poste, mais également avec la culture et la personnalité de l'entreprise. On n'est pas dans un ajustement mécanique, mais dans la recherche d'un plus, ce plus pouvant aller jusqu'à demander au chasseur de têtes d'approcher un candidat nommément identifié. L'entreprise, alors, fait le «cas-

ting», le chasseur de têtes, l'intermédiaire.

J'attends également que le chasseur de têtes joue le rôle d'un véritable conseil : l'entreprise peut surestimer son besoin de renouveler sa culture et prendre le risque de retenir des candidats incapables ultérieurement de s'insérer ; ou bien souhaiter à tout prix quelqu'un d'externe, alors que la solution se trouve en interne… Ce type de risques, le chasseur de têtes doit l'identifier et proposer les solutions adéquates.

.../...

Enfin, je demande qu'un chasseur de têtes me transmette une «short list » permettant de comparer les différences, d'éclairer les divers choix possibles. La plus grande pertinence du choix final dépend largement de cette prestation indispensable.

Quelles sont les questions que je pose aux candidats ?

Je les écoute ; je ne suis pas très directif. Je les fais parler de ce qu'ils ont fait. Je leur demande ce qui les intéresse. Je pose très peu de questions sur leur vie personnelle.

Je teste beaucoup leur réactivité sur les sujets de ressources humaines. Savoir comment ils ont été traités, et ce quel que soit le poste, car il y a dans toute fonction de responsabilité, une forte connotation de ressources humaines. Si un cadre n'est pas persuadé qu'il va consacrer 80% de son temps au management de ses équipes, ou s'il en a peu conscience, pour moi, un sérieux doute s'installe.

Les éléments nécessaires qui permettent de connaître un candidat avant l'entretien : un CV, je veux connaître son parcours, je veux savoir avec qui il a travaillé et dans quel univers.

Ce que j'apprécie du chasseur de têtes, c'est qu'il transmette les caractéristiques du candidat et la problématique du choix à faire. Avoir un compte-rendu, c'est important, même si je suis en désaccord avec son contenu.

La prise de références ? Le recrutement est un choix personnel. On sait qu'un même collaborateur a pu bien travailler avec une équipe et mal avec une autre. Je n'y attache donc pas trop d'importance.

Ce qui m'intéresse chez un candidat, c'est sa trajectoire ; l'expérience et comment il a réagi dans les différentes situations qu'il a traversées : le comment est important.

Et puis en finale, il y a le coté subjectif qui permet de choisir un candidat plus pour la qualité des relations que l'on va avoir que pour ce qu'il a déjà fait.

QU'ATTEND LE CANDIDAT
DU CHASSEUR DE TÊTES ?

Vous voilà approché par un cabinet de chasseur de têtes ou poussé à vous interroger sur votre avenir professionnel, parce que vous souhaitez évoluer ou que vous êtes tout simplement obligé de le faire. Autant de situations qui créent la relation avec le cabinet qui va alors vous considérer comme "un client potentiel".

Comment agir ou réagir pour tirer le meilleur parti de cette situation et en faire une opportunité ?

Si vous avez une vision ancienne du chasseur de têtes, vous ne considérerez que son rôle de sélection qui œuvre de manière indépendante pour choisir les futurs cadres des entreprises. La version moderne en fait un allié potentiel qu'il faut savoir utiliser dans le processus de recherche d'emploi. Le chasseur de têtes est un acteur important du marché de l'emploi, son rôle d'intermédiaire et de conseil peut vous apporter beaucoup.

Quelle que soit la façon dont vous entrez en contact avec le chasseur de têtes, voilà ce qu'il peut vous apporter :

- il peut vous aider à vous situer sur votre marché par sa vision du secteur et des profils demandés ;

- il peut vous aider à structurer vos projets professionnels avant de passer à l'action ;

- il peut porter un œil exercé sur votre méthode de recherche ;

- il peut vous donner son opinion sur votre façon de vous présenter à travers votre CV et en entretien ;

- il peut vous communiquer les résultats des outils complémentaires qu'il aura utilisés pour mieux vous connaître ;

- il peut vous faire partager la stratégie de l'entreprise et vous communiquer toutes les informations qui la concernent, y compris ses avantages comme ses difficultés, ainsi que l'état d'esprit qui y règne et la personnalité de ses dirigeants ;

- il peut vous donner des conseils avant la rencontre avec l'entreprise ;

- il peut vous communiquer ensuite le feed-back après entretien et répondre à certaines questions que vous aurez pu vous poser ;

- il peut vous aider dans votre choix et votre décision finale ;

- il peut vous conseiller sur les éléments de négociation de la rémunération, y compris sur le contrat de travail ;

- il peut faciliter votre intégration dans l'entreprise.

Plus vous le considèrerez comme un partenaire, plus il vous conseillera. Utilisez ses conseils non comme des critiques mais comme une source d'adaptation supplémentaire et une opportunité.

Ciblez de préférence les cabinets spécialistes de votre métier ou de votre secteur d'activité, leurs conseils n'en seront que plus pertinents.

Si vous n'avez pas l'information au préalable, posez-lui adroitement la question de sa spécialité. Les guides des chasseurs de têtes précisent toutefois le domaine de compétences des cabinets, comme par exemple le guide du Cercomm.

Ciblez les cabinets adéquats, intégrez-vous dans leur base de données à l'aide d'un CV adressé spontanément mais aussi en précisant les postes qui vous intéressent, votre niveau de rémunération, votre mobilité… autant de critères qui vous permettront d'être contacté utilement.

Favorisez un rendez-vous avec un consultant du cabinet pour créer le contact et donner les informations vous concernant. Vous pourrez ensuite l'informer des évolutions de votre carrière. Une relation sur la durée établie avec un cabinet ne peut être que favorable pour les deux parties.

Le cabinet vous aidera à rentabiliser votre mobilité comme à éviter les erreurs d'aiguillage.

> ☞ *Combien de fois ai-je rencontré des candidats recrutés par des entreprises qui les ont déçus et dont je savais, en les rencontrant qu'ils n'avaient pas le profil requis pour résister dans des environnements dont on connaît, parce qu'on est spécialiste du secteur, la mauvaise réputation. Le recruteur connaît les mouvements des entreprises et l'état d'esprit qui y règne, il suffit d'écouter les candidats qui en sortent !*

Dans la situation où vous êtes chassé, sachez aussi qu'en période de pénurie, vous représentez un potentiel intéressant pour le cabinet comme pour le client qui l'a mandaté. Votre attitude d'ouverture et votre vigilance vous permettront de faire la part des choses entre l'intérêt que semble présenter le poste et l'entreprise et votre épanouissement futur.

En effet, certains postes sont survendus pour attirer les candidats potentiels rares sur le marché. Votre prise de risque a tout intérêt à être mesurée !

Si vous êtes sollicité, adoptez une attitude d'ouverture et de collaboration, il n'y a rien de plus désagréable pour un consultant que de se retrouver face à un candidat hautain qui se sent valorisé par la situation et qui en profite dans son attitude. Ce comportement ne facilite pas le dialogue voire la connivence nécessaire à une relation de partenariat.

COMMENT BIEN UTILISER SON CHASSEUR DE TÊTES
FRANÇOIS HUMBLOT
Ex-président du syndicat du conseil en recrutement Syntec
Président du directoire de HUMBLOT GRANT ALEXANDER

L'objectif du candidat est de réussir son parcours professionnel et la façon dont il va établir sa relation au conseil en recrutement déterminera l'issue heureuse de ses évolutions à venir.

On remarque beaucoup de méconnaissance du rôle du conseil par le candidat. Il faut savoir que le consultant est face à l'équilibre entre son client et ses candidats. S'il présente plusieurs candidats, il leur donne des chances égales mais celui qui saura le mieux gérer sa relation au cabinet facilitera la finalisation de sa candidature.

Le rôle de médiation du recruteur aidera par exemple le candidat et l'entreprise à trouver un accord sur la rémunération en donnant notamment à chacun des éléments sur les prix du marché. On sait combien le rôle du cabinet est précieux dans la négociation finale.

L'attitude du candidat avec son consultant est déterminante. S'il lui fait bien partager ses préoccupations, il aidera aussi le consultant à bien jouer son rôle. C'est souvent le cas dans les négociations contractuelles. Certains candidats savent parfaitement informer leur consultant et utiliser cette relation.

Dans tous les cas, cela doit inciter le candidat à comprendre le métier du chasseur de têtes et la relation qu'il établit avec l'entreprise cliente. Cette relation peut être très différente selon les cas. L'ancienneté dans la relation comme les attentes du client vont beaucoup influer sur son rôle dans le processus.

Un consultant pourra communiquer quelques clés au candidat particulièrement motivé, ce qui lui donnera des atouts supplémentaires dans la phase finale de prise de décision. Un bon candidat essaiera de se situer par rapport à ses autres compétiteurs en interrogeant le consultant.

Pour ma part, quand un candidat me pose la question, j'essaie d'être honnête, sans dévoiler des données confidentielles mais sans faux-semblant. Je donne les éléments qui l'aideront. L'intérêt du consultant est d'aider le candidat à être bon dans sa relation avec le client.

Le candidat démontre aussi sa motivation par la pertinence de ses questions, il affine ainsi son argumentation. Celui qui ne pose pas de questions ne donne pas de signe de motivation.

Entre deux candidats pour un poste de directeur commercial et marketing dont l'un a pour dominante l'animation de force de vente et l'autre le marketing international, je leur dirai à chacun leurs points forts en comparaison. De toute façon, je répondrai à celui qui me pose la question.

.../...

Les questions peuvent aller au-delà du poste, elles peuvent concerner l'entreprise, le tempérament du responsable hiérarchique, le processus de décision. Plus elles sont pertinentes, plus elles donnent d'atouts au candidat.

On évalue autant un candidat sur ses questions que sur ses réponses.

Dans les conseils que l'on donne au client avant de recevoir un candidat, c'est de l'écouter, d'être prêt aux questions, de lui laisser en poser un maximum, de répondre brièvement. Pousser alors le candidat à poser des questions c'est aussi avoir des informations sur lui, sur la représentation mentale qu'il se fait de l'entreprise, du poste et de son interviewer. Cela permet de mesurer la proximité de vue et de pensée.

Les décalages dans ce domaine sont intéressants à analyser, mais la convergence est de bon augure. Pour réussir la construction d'une équipe, il faut qu'il y ait un fond de valeurs et d'idées partagées entre ses membres.

En rencontrant des candidats, les entreprises peuvent aussi prendre conscience qu'elles ont moins d'atouts qu'elles ne le croyaient ou l'inverse.

Si l'image de l'entreprise est survalorisée par le candidat, le consultant doit lui faire prendre conscience que l'entreprise a ses défauts, sans la dénigrer. Il faut réduire le risque de désillusion et le faire partager au client. Prendre un candidat surdimensionné, par exemple, peut générer beaucoup d'insatisfaction de part et d'autre.

Pour un candidat, un recrutement qui se termine bien est une succession de portes qui s'ouvrent. Le processus d'évaluation n'est pas terminé au moment de la décision de présentation.

Avant cette présentation, on va considérer que les candidats sont à égalité, après la présentation et les réactions du candidat comme du client, c'est le moment ou l'intime conviction se dégage. C'est à ce moment là que le candidat doit solliciter le consultant et qu'il arrivera à le joindre le plus facilement.

Le consultant a envie que la mission se termine et il peut avoir la même stratégie avec les deux ou trois candidats finalistes pour aboutir. Même s'il est payé pour, il a intérêt à ce que la mission se termine bien, mais pas à tout prix. Il exprime sa conviction mais ne pousse pas sans discernement le client à recruter, ni le candidat à accepter.

CHAPITRE 2

COMMENT LE CHASSEUR DE TÊTES RECHERCHE-T-IL SON CANDIDAT ?

LA MISE AU POINT DE LA MÉTHODOLOGIE DE RECHERCHE

Il est de la responsabilité du chasseur de têtes d'élaborer la méthodologie de recherche la plus adaptée au besoin de recrutement.

Il est sous-entendu, et parfois trop fréquemment, que le chasseur de têtes "chasse" les candidats alors que son objectif dans l'élaboration de la méthodologie est de faire face à un marché qui peut être en pénurie pour certains postes et en excès d'offres pour d'autres.

Selon le cas, sa mission va être différente :

– élargir la cible de candidats,

– réduire le nombre de candidats potentiels.

La première stratégie fait appel au développement du "sourcing" de candidats et *a priori* à la chasse. La deuxième recourt à la finesse de son évaluation pour sélectionner, à partir de centaines de candidats, ceux qui seront les plus à même d'occuper la fonction avec succès. C'est donc la méthode de recherche par annonces qui sera choisie. C'est pourquoi la phase d'élaboration de la méthodologie est importante.

Le chasseur de têtes ne travaille pas seul pour y parvenir, il utilise les compétences internes à son cabinet et notamment son (ou sa) chargé(e) de recherche dont le rôle sera de rechercher le candidat qui répond au profil du poste.

La pertinence du chasseur de têtes se mesure particulièrement dans cette phase. Promettre à son client, le succès de la recherche sans travail préalable sur la connaissance de l'entreprise, de ses enjeux, de sa concurrence, des arguments en faveur de l'opportunité professionnelle comme des points faibles qu'elle représente, serait vain et dans tous les cas signe d'un réel manque de professionnalisme. De même que promettre "la chasse" alors que le cabinet n'est pas équipé dans ce domaine et que la recherche ne le justifie pas est un signe d'amateurisme et ferait courir le risque de ne pas couvrir le marché recherché.

Pour "chasser", le cabinet identifie les cibles recherchées et les moyens pour les atteindre. Le croisement des moyens : chasse, annonces, sites Internet, fichier est souvent utilisé pour couvrir un marché devenu vaste et fortement sollicité. On parle alors, dans la profession, de l'approche mixte. Elle est souvent pratiquée par les cabinets qui sont hésitants en approche directe et elle peut aider à communiquer sur un marché en utilisant tous ses vecteurs.

Le temps où l'entreprise, par snobisme ou pour se valoriser, n'envisageait pas d'autres moyens que la chasse est maintenant révolu.

Rappelons également que ces deux méthodes de recherche n'ont pas toutes le même coût pour une entreprise. Une approche directe nécessite l'intervention du binôme consultant/ chargé de recherche, les honoraires se situent entre 15 et 30 K€, voire plus selon le niveau du poste, alors que le traitement de la recherche par annonce pour un même poste peut être deux fois moins cher.

Ce critère n'est jamais celui qui poussera l'entreprise à recruter par l'un ou l'autre biais, d'autant que les frais d'annonce ont tendance à rééquilibrer le budget global.

Le délai est souvent invoqué par l'entreprise pour aller vers la chasse. Or contrairement à ce que l'on peut croire, le délai de chasse est souvent supérieur à celui de la recherche par annonce.

Le seul moyen qui puisse permettre de gagner du temps sans pour autant faire le tour du marché, est de recourir à un fichier spécialisé à jour qui permettra de présenter rapidement des candidats. Cet usage parfois efficace, quand les cabinets sont très spécialisés sur des fonctions ou sur des secteurs particuliers, peut permettre avec chance de conclure un recrutement. Néanmoins, même si tout dirigeant est naturellement pressé de recruter, ce ne sera pas le critère prioritaire pour décider de la méthodologie de recherche.

En synthèse : le prix et la rapidité ne seront pas les critères essentiels. L'efficacité va au-delà, elle passe par la recherche et la sélection.

La méthodologie de recherche étant prévue dans la relation contractuelle qui unit le cabinet à son client, le contrat précisera les moyens à mettre en œuvre pour aboutir au recrutement. Le non-respect de ces moyens pourra engager la faute du cabinet au cas ou le recrutement n'aboutirait pas.

L'approche directe étant ce qui caractérise particulièrement la mission des chasseurs de tête, c'est dans ce domaine que nous allons vous livrer toutes leurs clés.

L'APPROCHE DIRECTE

"Chasser" n'est pas "pêcher" dira le véritable chasseur de têtes. Il ne suffit pas de semer quelques moyens et d'attendre que les candidats se présentent, il faut entrer dans une phase offensive et aller chercher le candidat là où il se trouve.

Néanmoins dans la "chasse", on distingue la "chasse" dans le hard et la "chasse" dans le soft.

Vous qui êtes sollicité par un chasseur, vous vous interrogez souvent pour savoir comment il a pu avoir connaissance de votre existence, surtout si vous occupez encore une fonction relativement discrète dans l'organigramme d'une entreprise.

La "chasse" dans le soft

Le cas le plus fréquent de chasse dans le *soft* repose sur l'utilisation des annuaires. Le candidat considéré comme la cible idéale se caractérisera par une formation supérieure définie ou par une fonction précise occupée dans un certain type d'entreprises. L'avantage de ces deux situations offre au chasseur la potentialité de présence dans un annuaire d'écoles ou dans celui d'un secteur d'activité.

On ne saurait trop conseiller aux diplômés de payer leur cotisation d'ancien élève pour pouvoir maintenir à jour les informations les caractérisant : adresse personnelle, téléphone, poste occupé et entreprise... C'est à partir de ces éléments que le chargé de recherche va vous identifier et vous contacter. On connaît la volatilité des informations et l'évolution des entreprises à partir de l'édition des annuaires qui précisent les noms des collaborateurs du comité de direction et des filiales du groupe, mais il est toutefois plus facile de contacter le candidat potentiel à partir du nom de son prédécesseur qu'à partir de rien.

L'avantage des cabinets spécialisés dans un secteur est d'également pouvoir mettre à jour ces éléments en fonction de la presse du secteur et des évolutions ou nominations annoncées.

La "chasse" dans le hard

Voilà le domaine dans lequel le chasseur de têtes va devoir utiliser toutes ses compétences et tous ses secrets. Partons de la mission de ce futur collaborateur et de son profil et renforçons la difficulté !

Le ciblage

Partons de l'hypothèse qu'aucune école ne caractérise particulièrement le candidat potentiel et que de plus, il pourrait presque
être autodidacte ! Il a pratiqué plusieurs secteurs d'activité et non
un seul et ses origines sont diverses !... Voilà le travail du "chasseur" rendu difficile... Toutefois il va falloir, au-delà de toutes les
qualités intrinsèques de l'individu recherché, définir des critères
essentiels qui vont orienter la recherche.

Le plus souvent, la fonction qu'il occupe ou le type de clients
dont il peut avoir connaissance dans le cadre d'une fonction de
direction de centre de profit ou d'activité sera l'un des points
d'appui.

Dans un poste à dominante technique, ce seront les pratiques de
tel ou tel matériel ou logiciel, qui vont prédominer...

Le "chasseur" partira, dans ces différents cas, de ces critères qui
ne peuvent être définis qu'avec l'entreprise cliente. Il faut bien
évidemment comprendre au préalable la fonction dans le secteur
d'activité et ensuite étudier le marché à approcher afin de cibler
les entreprises.

Si le candidat se doit de connaître particulièrement un marché, le
"chasseur de têtes" fera une introspection particulière avec son
client sur les concurrents directs et indirects qui pourraient l'inté-
resser. Dans ces métiers qui occasionnent des relations commerciales, des noms de concurrents particulièrement efficaces pourront être cités. Tout ce qui pourra aider à identifier la cible sera
envisagé... Le plus difficile réside dans le fait qu'il n'y ait pas de
cible précise ou de fonctions qui pourraient mener particulièrement à ce poste.

Le cas le plus facile est celui du client qui demande à ce que l'on
approche tous les titulaires d'une fonction chez ses concurrents.
À l'inverse, très souvent le dirigeant peut souhaiter un candidat

qui approche le marché différemment et qui donc n'en vienne pas…

☞ *Si c'est pour refaire la même chose que ce qu'il a fait chez Untel, il ne m'intéresse pas… De plus, sans verser dans la paranoïa, le dirigeant sur un marché resserré aura peur du candidat qui vient de la concurrence directe : Est-ce une "taupe" et quel intérêt a-t-il à venir chez nous ?*

De plus, on se trouvera face au risque de la présence d'une clause de non concurrence et de ses conséquences (voir chapitre 10).

Autre cas : celui des nouveaux métiers auxquels aucune formation ou expérience typique ne prépare ; la cible est vaste et l'imagination des recruteurs se doit d'être fertile !

Récapitulons : Notre candidat ne peut être recherché uniquement par sa formation, son poste actuel ou son secteur d'activité… c'est la conjonction de la recherche dans ces trois directions qui va permettre d'atteindre le candidat idéal… En clair, plus la cible est étroite, plus l'identification par le chasseur de têtes est facilitée, plus la cible est large et plus la dispersion est possible.

Se mettre d'accord avec son client sur des cibles précises permettra d'aboutir.

☞ *Anecdote : Bon nombre d'entreprises ont cru bon pendant des années de limiter leurs recherches à de la chasse en imaginant que le bon candidat est obligatoirement en poste.*

Les évolutions des entreprises, les rachats et regroupements, les changements d'actionnaires, les aléas de la vie économique ont ouvert ces croyances. C'est devenu d'autant plus vrai pour les fonctions de direction générale qui sont les premières exposées.

LE *CALL CENTER*
CLAUDE DOS REIS
Directeur associé de Sirca

La création d'un *Call Center* au sein de notre cabinet de recherche par approche directe correspond à un souci d'efficacité supplémentaire.

Les procédés classiques de recrutement sont largement connus des chargés de recherche.

Pour les candidatures qui ne sont pas faciles à cibler, une équipe capable de "désosser" n'importe quelle organisation est précieuse.

Le ou la chargé(e) de recherche a un métier très difficile et peut être largement aidé(e) par le *Call Center* qui travaille en amont pour qu'il/elle puisse ensuite contacter les candidats, leur présenter les postes et assurer une première sélection au téléphone avant le rendez-vous avec le consultant.

Le *Call Center* a pour seul souci d'identifier de manière exhaustive les personnes occupant un poste ciblé.

La plus-value du chasseur de têtes c'est en effet de pouvoir être exhaustif et de ne pas se contenter de pêcher quelques candidats.

L'identification

Voilà notre cible définie à partir d'une multiplicité de critères, quels sont les moyens à mettre en œuvre pour l'atteindre ?

Rien de plus facile, vous dira le chasseur de têtes, que d'identifier le directeur général recherché ! En effet, il figure d'une manière ou d'une autre dans les annuaires....

Il est, par contre, beaucoup plus difficile de rechercher l'un de ses collaborateurs !

Tous les scénarios qui vont permettre d'obtenir les noms de la cible vont être utilisés... et le chargé de recherche doit être très souvent inventif (pour ne pas dire comédien) pour les obtenir !

La fameuse assistante qui fait inévitablement barrage doit être séduite ! et tous les subterfuges sont bons... L'objectif est d'obtenir le nom pour ensuite pouvoir contacter la personne... Que d'énergie dépensée parfois pour arriver à ses fins, et l'on mesure l'ingratitude du travail que doit mettre en œuvre le chargé de recherche pour aboutir, tel un détective qui recherche tous les indices.

Les moyens restent psychologiquement corrects... Jamais une situation personnelle liée aux enfants, au conjoint ou à un accident ne sera utilisée pour forcer la mise en relation.

Dans une période où bon nombre de candidats sont chassés dans les entreprises, des mesures anti-chasse sont déployées par leurs employeurs. Les standardistes et les assistantes sont formées comme dans un service de contre-espionnage, pour contrer des tentatives qui finalement ne seront que du débauchage !

Le chargé de recherche doit se montrer imaginatif, le plus souvent il prétextera :

- La remise à jour d'un listing ou d'un fichier à l'occasion des vœux ...

- L'envoi d'une invitation à un débat, une conférence... organisée par un journal, la chambre de commerce, le syndicat de la profession...

Dans un contexte difficile il tentera l'envoi pour un salon d'un pass nominatif donnant l'accès au parking...

Concrètement, quand les noms des collaborateurs visés sont à trouver, le chargé de recherche va utiliser un scénario qui lui permettra d'atteindre sa cible.

LA DÉMARCHE DU CHARGÉ DE RECHERCHE

Au standard :

- il demandera le service qui l'intéresse ;
- s'il ne sait pas où se trouvent les personnes qui l'intéressent, il expliquera ce qu'il cherche au standard en ne donnant qu'un nom d'emprunt uniquement ;
- si le standard ne sait pas le diriger, il lui demandera d'expliquer la structure de l'entreprise, fera son choix et remerciera ;
- le chargé de recherche annonce le lancement d'une étude sur une activité précise et veut connaître les noms des personnes les mieux placées pour répondre à cette étude.

Une fois dans le bon service :

- il s'assurera qu'il est dans le bon service ;
- *dans le service de monsieur X, qui a la responsabilité de…*
- *combien de personnes ont cette responsabilité… ;*
- *pouvez-vous me communiquer leurs noms afin que je puisse faire un envoi nominatif… ;*

La validation des identifications :

- le chargé de recherche reformulera les informations : noms, prénoms, fonctions et titres ;
- fera repréciser, s'il y a plusieurs noms en vrac, les responsabilités exactes de chacun ;
- s'il sent que l'information n'est pas la bonne, il rappellera l'une des personnes citées au hasard pour valider l'information toujours en se faisant passer pour quelqu'un qui met à jour un listing ;
- se servir des informations précédentes en disant que l'on a eu les noms de tel service et qu'il manque ceux de celui-ci.

Dans un cas difficile :

- *j'ai un dossier d'appel d'offres à faire parvenir à … quel est son nom ?*

- *mon directeur a rencontré votre responsable de… sur un salon, dans une réunion professionnelle et a perdu sa carte ; il aimerait retrouver son nom exact… ;*
- dans le même cas, le chargé de recherche peut aussi donner une idée du profil recherché… *il doit avoir environ 35 ans, une formation de tel type et occupe telles responsabilités, avez-vous une idée de qui il peut s'agir ? ;*

L'approche des candidats potentiels

Les candidats potentiels ont été identifiés, le chargé de recherche les approche dans un double objectif : valider leur adéquation au poste, mesurer leur motivation à changer et leur vendre une nouvelle opportunité.

Encore faut-il les joindre et faire face au barrage de la secrétaire.

Les secrétaires efficaces filtrent les appels et cherchent à en savoir plus pour répondre elles-mêmes au besoin… afin de faire gagner du temps à leur patron.

Le chargé de recherche utilise un nom de chasse (qui lui permet ensuite quand il est rappelé d'identifier de quelle recherche il s'agit) et s'il donne son téléphone, c'est toujours une ligne directe ou un téléphone portable qui ne permette pas d'identifier le cabinet auquel il appartient.

Tous les scénarios du passage du barrage de la secrétaire seront utilisés du plus simple "je l'appelle pour raison personnelle" au plus osé en cas d'échec du premier.

Les scénarios les plus courants sont :

- J'appelle de la part d'une relation commune parce que j'ai un renseignement professionnel à lui demander,
- Je dois faire une prise de référence sur une personne qu'il connaît ;

Les scénarios les plus osés :

- J'appelle de la part de sa banque ou de la Banque de France,
- de son assureur (efficace à l'issue de la tempête de fin 99),
- de la direction des impôts (moins fréquent car il créerait d'emblée un contact antipathique…).

Ne sont jamais utilisés les scénarios qui joueraient sur des sentiments trop forts…

Voici le chargé de recherche en contact avec sa cible, enfin !

Il s'excusera du fait qu'il ne pouvait donner le motif réel de son appel à sa secrétaire ou qu'il ne pouvait en dire plus sur sa messagerie. En général, le candidat approché va se demander qui est son interlocuteur, ce qu'il lui veut et comment il a eu ses coordonnées.

Le chargé de recherche va très vite créer un contact rassurant et sympathique, en lui disant qui il est, le cabinet qu'il représente et les raisons de son appel.

Il cherchera à l'impliquer le plus vite possible en lui posant des questions comme en lui apportant de l'information sans jamais transformer cette conversation en interrogatoire. Pour mener au mieux sa mission, il utilisera les mots du secteur d'activité et de la profession.

Dans la première phase de son contact et après s'être annoncé, il lui demandera s'il est disponible et si le moment est propice. Sinon il envisagera un rendez-vous téléphonique au bureau ou au domicile ultérieurement.

Si le candidat potentiel est disponible, il présentera rapidement le poste et l'entreprise et posera très vite la question de l'intérêt vis-à-vis de l'opportunité.

Il cherchera ensuite à bien vérifier sa qualification et à valider l'intérêt de son profil par rapport aux critères requis en reprenant les éléments de formation, d'expériences, de responsabilités confiées, puis de rémunération…

Il posera également la question des éléments qui pourraient motiver un changement et finalement celle de l'intérêt réel par rapport à l'offre.

Rôle difficile que celui de vendre et sélectionner en même temps !

Dans l'organisation d'un cabinet, le rôle du chargé de recherche est primordial car il doit permettre au consultant de rencontrer les candidats qui sont en adéquation avec le poste. Certains points de détails non abordés en entretien téléphonique peuvent faire perdre un temps considérable aux uns et aux autres.

De plus, un candidat approché peut avoir intérêt à se faire connaître même s'il sait pertinemment que le poste en question ne l'intéresse pas. C'est en fonction de sa charge de travail et de l'ouverture de l'entreprise à des profils différents que le consultant peut recevoir un candidat de ce type.

Si le candidat approché n'est pas intéressé, il reste une source potentielle de candidats. Le consultant lui demandera s'il connaît quelqu'un parmi ses connaissances, clients, fournisseurs, camarades de promotion qui pourrait être intéressé.

Si le candidat veut en savoir plus et correspond au profil, le rendez-vous avec le consultant s'organise.

Le cas est délicat lorsque le candidat est intéressé mais ne correspond pas au profil : le chargé de recherche reviendra alors sur les critères incontournables, s'aménagera un temps de réflexion avant de reprendre contact avec le candidat et lui demandera si possible son CV afin de pouvoir échanger avec le consultant.

CONSEILS AUX CANDIDATS CHASSÉS
ROLAND CHABRIER
Pdg de H&C Consultants
Vice-président du syndicat du conseil en recrutement Syntec

Quand un cadre reçoit un appel d'un cabinet de recrutement, on peut lui donner plusieurs conseils :

1/ Tout d'abord d'accepter systématiquement le rendez-vous, même s'il est bien en poste, et sous réserve que le poste présenté ait de l'intérêt, même s'il ne sait pas de quelle entreprise il s'agit.

2/ Qu'il joue le jeu réel du candidat et ne soit pas du style "et vous qu'avez-vous à me vendre ?"

Sa candidature sera intéressante dans le cas présent ou futur et le style décontracté, touriste, qui joue la vedette... le chasseur s'en souviendra !

Le candidat chassé au téléphone :

Qu'il sache que son interlocuteur a un double objectif : on le séduit pour qu'il vienne au rendez-vous et on le sélectionne. C'est un rôle difficile pour le chargé de recherche.

Quand le candidat connaît l'envers du décor, il est plus fort et mieux armé.

L'entretien téléphonique est court et doit être efficace. Qu'il écoute et pose des questions, qu'il évite de demander comment on a eu ses coordonnées : c'est déplacé! et c'est une question qui n'a pas de réponse. Il doit être rassuré par la confidentialité.

S'il est dérangé au moment de l'appel, il faut le dire et demander un rappel ultérieur en précisant l'heure.

Au moment du rendez-vous :

– Si possible il doit préparer un CV. Même si on ne lui demande pas, cela peut faire gagner du temps.

– Le plus important est qu'il se mette dans la peau de quelqu'un qui se vend et qui achète. C'est une erreur de venir comme quelqu'un de flatté.

– Le candidat s'informe sur le cabinet, car il y a de bons et de mauvais cabinets. Un cabinet qui a bonne réputation, c'est un cabinet qui a de fortes chances d'avoir de belles missions. Pour cela l'appartenance à un syndicat comme le Syntec, la qualification OPQCM et bientôt AFNOR est un signe.

– Le candidat peut poser la question de la pratique du "contingency"* par le cabinet. C'est une excellente question qui prouve qu'il connaît l'envers du décor et qu'il s'assure que son CV ne va pas être utilisé n'importe comment.

– Il prépare son entretien et ses questions : on le juge autant sur les questions qu'il pose que sur son CV et beaucoup de candidats préparent leurs réponses, plus rarement leurs questions. Il faut également se dire qu'on ne rate pas un entretien parce que l'on ne dit pas tout.

– La relation établie doit être directe et transparente, personne ne veut se tromper... Les jeunes candidats ont tendance à être timorés et ne pas toujours jouer le jeu de la simplicité".

* Le contingency est développé dans la partie consacrée à la déontologie de la profession au chapitre 10.

LA RECHERCHE PAR L'UTILISATION DES MÉDIAS

Qui dit média dit moyen de communiquer l'offre, donc de la clarifier, de la synthétiser pour qu'elle puisse, par un message court, atteindre sa cible.

Les cabinets de recrutement comme les agences de communication ont beaucoup œuvré non pas pour vendre de l'espace, mais pour savoir faire passer un message efficace et attirer les candidats.

Souvent les annonces d'offres d'emplois se ressemblent : groupe leader dans son secteur, recherche : potentiel, fin négociateur, manager d'équipes…

Peu d'éléments caractérisent l'entreprise recruteuse, par contre le profil recherché remplit la plus grande partie de l'espace.

On n'insistera jamais suffisamment sur la qualité du message et la capacité à se mettre à la place de son lecteur. L'annonce officielle de l'entreprise recruteuse reste souvent un facteur d'accroche, elle identifie clairement le contexte pour le lecteur et favorise sa réponse.

Quel que soit le vecteur de communication utilisé, ce message doit être pensé dans le sens du lecteur et de l'efficacité.

La variété des vecteurs et leur dynamisme poussent à des styles de communications différents. La presse ou les sites Internet, en partant des mêmes éléments d'information, communiquent différemment.

LES DIFFÉRENTS CONSEILS QUE JE DONNE À CELUI QUI RECHERCHE UN EMPLOI

DIDIER PITELET

Pdg de GUILLAUME TELL agence de conseil en marketing social

1. Tout d'abord de savoir prendre son temps.

2. De croiser toutes les informations qui lui permettent de se forger une opinion sur l'employeur.

Il peut, *via* Internet notamment, et les différents moyens de communication (presse, annonces...) arriver en entretien avec des convictions sur l'employeur. Il n'a aucune excuse de se tromper d'employeur car il a toutes les sources d'information pour faire le bon choix.

On lui demande également une analyse critique, le candidat ressert souvent ce qu'il a vu sur le site sans le confronter à d'autres sources d'information. Il ne doit pas hésiter à confronter ses convictions avec d'autres personnes ; le réseau est un excellent support de communication sur les entreprises.

La communication de recrutement évolue de plus en plus vers la transparence et correspond à une élévation de la maturité de la communication sociale de l'entreprise. Cela doit inciter le candidat à prendre du recul par rapport au message de l'employeur.

Les cabinets ont trois types d'annonces:
– chartée cabinet
– avec identité révélée
– créative pour le compte d'un client

Le cabinet est un "go-between" entre l'entreprise et le candidat. Il ne faut pas non plus hésiter à vérifier le sérieux d'un cabinet par son adhésion à Syntec notamment. Il faut aussi chercher les cibles des cabinets et préférer être dans le fichier des cabinets qui ont des postes en correspondance.

Les conseils par rapport à Internet :
– Aller voir sur le net
– Ne pas hésiter à sortir du cadre exclusif des sites d'emploi, les "job boards" font partie du paysage, mais il y a aussi les sites communautaires par affinités : sport, technologie, ressources humaines, les sites sont des lieux de rendez-vous.

Les annonces presse :
– Se méfier des petites annonces anonymes minuscules : une annonce est une poignée de main...

Ce qui est flou, douteux, qui joue sur la surenchère est inquiétant.

Les candidats rejettent le langage publicitaire. La communication de recrutement est une communication sociale, elle a pour objectif d'expliquer un environnement à un futur collaborateur et pour cela doit être transparente et pragmatique.

Une annonce qui utilise les superlatifs, sans éléments concrets : "on est les plus beaux..." est inquiétante.   .../...

Une entreprise qui investit en espace, en créativité aura consacré du temps et un budget... c'est signe de sérieux. Les petites annonces signées par une agence, par un cabinet de Syntec sont des garanties supplémentaires.

La lecture prudente et rationnelle permet de faire le tri.

La presse

Quel support choisir en fonction du profil ?

Parmi les supports généralistes, on peut citer : *Le Figaro* pour tout type de fonctions sur toute la France, ainsi que *Le Monde* et *L'Express*, *L'Usine Nouvelle* pour les profils techniques, *Le Moniteur* pour le bâtiment, ou *Les Echos* pour la finance ;

Parmi les supports spécialisés, on peut citer : *O1 Informatique* pour l'informatique, *LSA* pour l'agroalimentaire et la distribution, *Hôtel Hebdo*, *L'Hôtellerie et Néo-restauration* pour l'hôtellerie et la restauration ;

La presse quotidienne régionale privilégie la localisation des postes en province, celle-ci pouvant parfois être le meilleur support sur la zone concernée. Il s'agit alors de supports généralistes.

Les sites Internet

Les sites Internet peuvent être utilisés de deux façons, pour y consulter les offres et pour intégrer sa candidature dans les candidathèques.

L'outil Internet en France à un retard considérable dans le processus de recherche d'emplois et de candidats par rapport à sa pratique aux Etats-Unis. Sans doute parce que le recrutement y est encore considéré comme un acte d'analyse, de conseil et de relations. Le caractère affectif du recrutement en France a laissé moins de place à ces moyens.

Néanmoins, c'est aujourd'hui, un outil qu'utilisent les chasseurs de têtes pour parer à la pénurie de certains profils et réduire les délais.

Il leur permet d'accéder à l'information sur les entreprises de manière plus actualisée que dans les annuaires. De plus, ils atteignent aussi les candidats, d'une part, par la transmission des offres et, d'autre part, par la recherche sur les sites de candidats.

Sur les 450 sites d'emploi que nous comptons en France, une dizaine de sites à eux seuls regroupent plus de 80% du marché en ligne.

Le premier site en offres d'emploi est celui de l'ANPE puis vient celui de l'APEC avant les principaux sites privés que sont ceux de Cadremploi, Cadresonline (issus d'organes de presse) et ceux venant notamment d'Outre-Atlantique ou faisant partie de cabinets multinationaux tels Monster ou Jobpilot…

Aux sites généralistes se rajoutent, comme dans la presse écrite, les sites spécialisés liés aux métiers. Les sites qui se sont le plus développés dans ce domaine sont ceux liés aux nouvelles technologies puisque ce sont aussi ceux qui concernent le plus les internautes.

Si, aujourd'hui encore moins de 40 % des candidats postulent en ligne, leur nombre augmente considérablement de jour en jour.

Néanmoins, l'acte de candidature par ce biais reste volatile, le candidat d'un simple clic envoie son CV à des centaines d'entreprises et de cabinets, un bon CV reste actuel sur le net moins d'une semaine. La réactivité des recruteurs sur ce moyen est encore relative et le candidat peut être re-sollicité très rapidement alors qu'il a déjà trouvé un poste.

Le cyber recruté a un profil bien particulier qui ne le rend pas toujours fiable pour un chasseur de têtes. En effet ce dernier traite une candidature de manière qualitative et sur un minimum de temps qui lui permet de faire des comparaisons, de mesurer réellement la motivation, de parcourir avec le candidat un chemin qui permettra de mieux se connaître ; le cyber recruté est quelque peu dans l'instantané.

Ceci correspond néanmoins à certains secteurs et postes et semble moins vrai à haut niveau même si l'outil Internet y sera de plus en plus pratiqué.

Les Cvthèques permettent de trouver des candidats en ligne et sont fortement consultées en période de pénurie par les employeurs potentiels.

La sécurisation des CV a suscité la prudence à l'égard de ce type d'approche de la part des candidats qui souhaitent la confidenti- alité de leurs données.

CE QUE L'ON DOIT SAVOIR SUR LE RECRUTEMENT SUR LE NET

Thibaut Gemignani

Directeur de Cadremploi

Le marché mondial du recrutement sur Internet

Face aux difficultés des sites Internet sur le marché mondial, le e-recrutement est le seul secteur de l'Internet à limiter les dégâts.

Ce marché est estimé à 500 millions de $ aux États-Unis, et 300 MF en France en 2000.

Pourquoi les sites de recrutement résistent-ils ?

Parce qu'ils ne sont dépendants ni de la publicité commerciale, ni de gros clients puisque le marché est dispersé. Aux États-Unis, il y a 40 000 sites d'emploi, pour 110 millions d'offres et 20 millions de CV uniques.

Avec la crise, le trafic augmente jusqu'à + 50% sur les gros sites, sans parler des sites qui créent des loteries pour attirer les internautes.

(Voir en annexe la liste des sites)

Le marché français

En France, certains sites s'éloignent de leur métier d'origine et cherchent du chiffre d'affaires en vendant du pré-tri de candidatures, du multipostage.., c'est également le cas des sites de cabinets.

.../...

Aujourd'hui, nous sommes dans la phase deux du marché, c'est-à-dire la période de concentration, de maturité, avec cinq acteurs principaux en dehors des sites institutionnels que sont l'APEC et l'ANPE.

Il n'y aura pas *a priori* de nouveaux acteurs sur ce marché car le ticket d'entrée est devenu très élevé.

En France, le nombre d'offres cadres est de 60.000 pour 300.000 CV (dits uniques). Au cours du premier trimestre 2001, le nombre d'offres a baissé.

Les six principaux sites se partagent les offres : 12 000 pour Cadremploi, 10 000 pour l'Apec, 9 000 pour Email Job, 8 000 pour Monster, 6 000 pour Cadresonline et 4 000 pour Jobpilot.

Et les sites pour les cadres supérieurs

Ce sont surtout les cabinets qui ont les offres d'emploi pour les cadres supérieurs.

Cadremploi est partenaire de plus de 550 cabinets de recrutement dont 200 cabinets environ de chasse. 10% des offres qui sont sur le site correspondent à des postes dont la rémunération est supérieure à 80 K€, soit en permanence 1 000 à 1 200 offres. 4% de nos offres concernent les directions générales.

Les sites métamoteurs

Qui sont-ils :

Des sites qui référencent des sites de cabinets, d'entreprises...

Ce n'est plus aujourd'hui la reprise du marché parce que de nombreux sites ont refusé d'y voir paraître leurs offres.

Il s'agit de Keljob ou Optioncarriere.com. Ce qu'il faut savoir, c'est que ce n'est pas le nombre d'offres qui optimise la visite, Cadremploi a par exemple un stickness supérieur à ces sites (10 pages). Le stickness est le nombre de pages consultées par un visiteur, il le fait parce qu'il trouve des offres qui répondent à ses recherches, le volume appelle le volume.

Quelles sont les nouvelles habitudes de l'internaute ?

Le profil de l'internaute correspond à un âge moyen de 34 ans et se situe en CSP + pour 49% d'entre eux.

Aujourd'hui, quand un internaute est intéressé par une offre, il a envie d'en savoir plus sur l'entreprise qui recrute ou sur le cabinet. C'est ainsi que de nombreuses entreprises ont développé leur marketing ressources humaines et donnent l'accès à leur site *via* l'offre.

Le candidat potentiel a besoin d'être rassuré sur l'information et son origine, l'accès à celle-ci renforce la crédibilité du recruteur.

Sur un site comme Cadremploi, 70 % du trafic se fait sur les offres d'emploi.

Quelle est la problématique de Cadremploi dans l'évolution des sites d'emploi ?

Etre et rester un média et être le meilleur. Etre l'intermédiaire entre le candidat et le recruteur, mettre le plus d'offres à la disposition du candidat et lui donner des outils qui lui permettent de gérer sa candidature en ligne selon sa dextérité à surfer.

.../...

Internet est un excellent outil pour être vu en dehors de son réseau de connaissance habituel, on passe pour le candidat comme pour le recruteur à "qui me connaît" et non plus "qui je connais".

Quelles recettes pour le candidat internaute ?

- Aller là où il y a des offres qui lui ressemblent.
- Trouver le bon site même spécialisé, où il est déjà.
- Regarder quel est l'état du marché, utiliser le net comme un outil de benchmarking et un indicateur de sa valeur.
- Déposer son CV quand il y a des offres qui correspondent à son profil.
- Déposer également son CV dans la candidathèque et s'inscrire au service "push email" pour se faire envoyer les offres (service gratuit) quand on n'a pas le temps de regarder régulièrement les offres.
- Chercher les informations sur les annonceurs pour renforcer sa pertinence en entretien.
- Garder l'historique de la gestion de sa candidature, pour faciliter ses réponses.

Les risques du candidat internaute ?

Que l'annonceur cherche à travers la parution d'offres peu coûteuses, à se constituer une base de données sans offre réelle derrière...

Un site sérieux est sensible à sa crédibilité et exclut régulièrement des annonceurs qui ont de telles pratiques... Les candidats se plaignent et il est assez facile de les cerner quand ils le font régulièrement.

Il est également important que le CV reste un outil confidentiel, si l'internaute le souhaite. C'est pourquoi la candidathèque (plus de 100 000 CV à ce jour) offre la possibilité de rendre anonyme son CV (en masquant les coordonnées du candidat) et également de choisir le type de recruteur qui y aura accès (cabinets de recrutement, entreprises...).

Il est important également que le candidat puisse modifier à tout instant son CV voire le supprimer de la base de données.

LES CONSEILS AUX CANDIDATS INTERNAUTES
ERIC DUFOUR
Directeur délégué de **L'Express**

Le Web présente une faculté logistique réelle. Pour autant, le candidat doit structurer sa recherche comme une recherche papier.

En amont, il peut aller sur un site qui explique les fonctionnalités des sites d'offres d'emploi (www.rhinfo.com) ; par ce biais, il saura à qui s'adresse le site, s'il peut y être, connaître les fonctionnalités "push" et être guidé dans sa recherche... Sans savoir où l'on va, on peut se perdre dans les méandres du Web.

Il faut ensuite faire une sélection et se limiter à quelques sites : par exemple un Job board, un site vertical, un site d'informations et d'offres et un site de cabinet de recrutement choisi selon ses affinités. On peut facilement se mettre sur plusieurs sites, mais il faut aussi resserrer ses zones de recrutement pour ne pas être inondé d'offres.

Il est préférable de localiser la zone sur laquelle on recherche car en indiquant "France entière" on sera inondé d'opportunités, le niveau du poste également doit être précisé...

Il faut également utiliser les outils qui permettent d'organiser sa recherche et enregistrer ce que l'on a fait. Il faut impérativement éliminer le cliquage automatique et tenir compte du facteur de réactivité du Web (et ne pas partir en vacances le lendemain). La réactivité de l'annonceur est la même que celle du candidat, il ne comprendra pas qu'il ne soit pas disponible.

Envoyer son CV n'importe comment et à n'importe qui n'est pas la bonne solution, l'entreprise aujourd'hui n'a pas les moyens de stocker des CV qui ne lui coûtent pas cher de toute façon

Conseils :

- Ne pas envoyer de CV et de lettre en parallèle
- Un employeur peut avoir une préférence pour une lettre manuscrite qui permet d'évaluer le niveau culturel immédiatement.

Attention au style et aux fautes d'orthographes dans les mails, il faut prendre le temps de se relire et de mettre en forme. En étant sur le Web, il est bon d'être conforme au niveau des petites annonces.

Etre trop direct, désinvolte, sous prétexte du Web ne correspond pas à l'univers plutôt formaliste de ceux qui recrutent.

LES AUTRES SOURCES D'OFFRES

Il s'agit des réseaux, des écoles, des fichiers...

Les écoles et les annuaires d'anciens élèves (il existe des sociétés comme Alinéa qui assurent une sélection sur ces annuaires et fournissent en tant que prestataires, des listings ciblés aux cabinets).

- Les réseaux professionnels et associations et les annuaires d'une profession ou d'un secteur d'activité
- Les salons professionnels et de recrutement
- Les fichiers des cabinets spécialisés du secteur ou du métier
- Les fichiers de type candidathèque
- Les organismes intermédiaires...

QUAND BOUGER ?
ROLAND CHABRIER
Pdg de H&C Consultants, vice-président du syndicat du conseil en recrutement Syntec

Un conseil à donner au candidat diplômé d'école , c'est qu'il paie sa cotisation pour être dans l'annuaire, avec des coordonnées à jour pour pouvoir être contacté.

Dans le cadre de l'évolution professionnelle, il est préférable pour un cadre de changer d'entreprise quand il est encore sur la courbe ascendante et non descendante.

Cela n'est pas facile d'apprécier, on pense encore pouvoir évoluer alors que ce n'est pas nécessairement le cas....

Le consultant peut aider dans cette réflexion et préconiser de rester comme de chercher ailleurs en fonction des éléments apportés par le candidat. Le rôle de miroir qui pousse à se poser les bonnes questions sans se faire de cadeau est aussi le rôle du consultant.

LES RECHERCHES À L'ÉTRANGER

JACKIE TOD

Dirigeante de Rossignol ,Tod et Associés et ex-présidente de l'Aprocerd / ex-syndicat professionnel d'executive search et vice-présidente du syndicat du conseil en recrutement Syntec

Il n'y a qu'en France que l'on va utiliser les annuaires des grandes écoles pour chercher les candidats adéquats, puisque c'est le seul pays où celles-ci existent vraiment et ont de l'importance.

Dans les autres pays ? Votre formation d'origine n'a aucune importance, un candidat vaut par son expérience et non par sa formation. Ce qui fait d'ailleurs qu'un dirigeant allemand par exemple ne comprendra pas qu'un candidat de 40 ans mette en avant une formation X, d'ailleurs il ne saura même pas ce que cela veut dire !

Il n'y a qu'en France que les bons en maths sont plus valorisés que les autres, ailleurs, cela n'a aucune importance.

Il n'y a également qu'en Angleterre, en plus de la France, qu'une formation de type Oxford aura encore un éventuel impact sur un CV pendant huit ans maximum après la formation.

En Allemagne, comme dans beaucoup de pays, l'un des moyens de trouver le candidat est le contact avec les associations professionnelles. Elles répertorient les gens du métier et permettent de rentrer en contact rapidement avec le candidat recherché.

On y valorise toujours les réalisations et non le passé scolaire.

Quels sont les conseils que l'on peut donner aux candidats qui postulent dans des entreprises étrangères ?

C'est important, quand on postule dans une entreprise étrangère de connaître les us et coutumes du pays pour pouvoir s'y adapter.

On peut remarquer une grande différence, ne serait-ce que dans les pays européens, dans la relation à la hiérarchie. En Allemagne, les relations sont assez hiérarchisées mais sans respect excessif du patron. En France le patron est considéré comme "vieux jeu" et peu accessible, l'Italie et l'Espagne sont pour cela assez proches de la France. Les autres pays trouvent que l'on y respecte trop le patron. Ces pays sont catholiques et il y a un grand respect du coté institutionnel de certaines professions.

En Scandinavie, le style du patron est très différent, il ne porte pas de cravate, sauf le jour où il voit un client, mais en temps normal il est très décontracté.

Dans les entreprises anglo-saxonnes le tutoiement est habituel en français, même si, en situation d'entretien, le vouvoiement sera pratiqué.

Un rendez-vous dans une entreprise anglo-saxonne en dehors de la France ne démarrera jamais après 17h, parce qu'il y a une grande séparation entre la vie privée et la vie professionnelle et un temps pour tout.

A la différence d'une société anglaise qui respectera les horaires, une société américaine qui a besoin de communiquer à travers les continents pourra organiser une conférence téléphonique à minuit compte tenu du décalage. Les Américains travaillent presque comme les Français. ...∕...

En entretien, ce qui est important pour une entreprise américaine, ce sont les réalisations du candidat qui seront disséquées: le comment, les résultats...

QUELS CONSEILS DONNER AUX CANDIDATS VISITEURS DE SALONS ?

Les salons de recrutement s'adressent de manière majoritaire aux jeunes diplômés et aux cadres bénéficiant d'expérience. Ils peuvent être soit généralistes soit spécialisés par métier ou secteur d'activité.

Les conseils utiles aux candidats avant de s'y rendre.

- Se renseigner sur les entreprises présentes et sur les postes proposés via les sites Internet de salons et choisir les salons qui le concernent
- Préparer sa visite et son argumentaire
- Organiser son planning, fixer ses priorités
- Y venir comme à un entretien de recrutement : soigner sa présentation, apporter son CV et sa lettre de motivation.

Pendant sa visite :

- Sélectionner sur le catalogue des exposants l'ordre de visite
- Utiliser la rencontre comme un très bref entretien de recrutement : faire passer sa motivation et ses souhaits en quelques minutes (rien n'énerve plus une entreprise qu'un candidat qui ne sait pas quel poste l'intéresse), et plus le salon est ciblé, plus il doit le savoir
- Le catalogue donné à l'entrée est un bon outil de contact pour l'avenir

Ses interlocuteurs sur les salons :

- les équipes de recrutement
- la DRH
- les opérationnels, les commerciaux

Si son interlocuteur n'a pas de badge, il peut l'interroger pour savoir à qui il a affaire ou lui demander également sa carte pour le contacter.

Des informations générales sur les salons :

Les entreprises qui recrutent beaucoup utilisent habituellement ce média pour recruter, les salons sont plus rapides pour la pré-sélection des candidats que les offres d'emploi.

Le coût d'un salon pour une entreprise est le même que celui d'une petite annonce (en moyenne 8 à 11 K€).

Elles recrutent en moyenne 5/6 candidats par salon aussi bien pour Paris que pour la province. Pour le Job Salon Distribution, car la palette des postes est plus variée, la moyenne est de 10 recrutements.

Les salons en France :

Il existe en France une trentaine de salons de recrutement généralistes et spécialisés en plus des forums d'écoles et de l'ANPE ou des municipalités.

L'agenda des manifestations est actualisé sur les sites suivants :

- letudiant emploi.fr
- demain.fr
- CCIP.fr

CHAPITRE 3

QUELLES INFORMATIONS COMMUNIQUER SUR VOUS AVANT L'ENTRETIEN ?

Quel que soit le mode d'approche utilisé, le chasseur de têtes a besoin de reconstituer un curriculum vitae afin de mesurer l'adéquation éventuelle de votre profil à celui du poste.

Si votre CV n'est pas prêt, mettez-le en forme rapidement, c'est votre outil de travail indispensable pour trouver votre prochaine opportunité.

Le travail du chargé de recherche consistera au cours de l'entretien téléphonique que vous aurez ensemble à reconstituer les bases nécessaires à la mesure de cette adéquation. Mais pour un chasseur de têtes rien ne remplace le CV qui permet la vision globale du parcours et qu'il communiquera de toute façon à son client au moment de la présentation.

Rares sont aujourd'hui les candidats approchés qui n'ont pas de CV sous la main. Il semblerait même que ce soit une précaution utile dans sa carrière. Il y a également de plus en plus de candidats potentiels qui au moment de leur évolution dans leur groupe, cherchent à se mesurer au marché. Il s'agit de moins en moins d'un manque d'intérêt par rapport à sa propre entreprise mais d'une attitude saine de recherche de vision du marché et de mesure de son adéquation. Si l'on se considère comme un produit sur le marché, il est intéressant de valider s'il correspond bien à l'offre. Cette vision d'ensemble permet de faire ses choix en connaissance de cause, y compris de rester dans son entreprise et de considérer que c'est l'offre la plus adaptée à ses critères.

LE CURRICULUM VITAE

Il n'y a rien de plus difficile que de réduire en quelques lignes ce que l'on est, et de considérer qu'il correspond à l'attente du lecteur potentiel.

Néanmoins et sans détailler ce que de nombreux ouvrages sur le sujet ont donné comme conseils, nous allons repréciser quelques règles de base qui pourront vous être utiles et qui correspondent à ce que votre lecteur chasseur de têtes attend.

Tout consultant peut être amené à trier des centaines de dossiers, parmi lesquels se situera le vôtre. Il peut trier jusqu'à 40 ou 50 CV à l'heure, vous avez donc matériellement une minute et demie pour faire passer votre message. Essayez d'imaginer aussi que le tri ne se fait pas forcément à son bureau en pleine journée mais plutôt en soirée voire le week-end tout en regardant une émission de télévision ! Autant de phénomènes que vous ne maîtrisez pas et qui font partie de la vie du consultant ! Encore une fois, mettez vous à sa place et facilitez-lui le travail !

Les deux règles de base sont fondées sur la forme et sur le fond.

La forme de votre CV

Avec l'évolution du marché de l'emploi et les nombreux conseils prodigués aux candidats, on a tendance à penser que la forme des CV reçus s'uniformise. De plus, les médias de communication des CV favorisent ce phénomène. La lettre de candidature n'a plus la même importance que par le passé puisqu'une fois sur deux en moyenne (et sans aller dans le secteur informatique) elle arrive au cabinet par mail. Le risque est donc sa banalisation.

> Pour autant, dans la mise en forme de votre CV, pensez aux normes de votre milieu. Le CV d'un directeur artistique n'a rien à voir avec celui d'un directeur financier ! Adaptez votre communication à celle de votre secteur d'activité et au niveau de votre poste.

En effet, le CV d'un créatif d'agence de publicité est très différent de celui du directeur artistique ; au même titre que celui d'un directeur général d'une entreprise du secteur de la mode qui pourra fortement ressembler à celui d'un directeur général du secteur industriel.

Utilisez toutefois un langage qui peut être compris par de multiples interlocuteurs. Combien de fois un consultant généraliste est amené à trier des CV de spécialistes qui croient être compris, comme par exemple dans l'informatique ou un autre secteur à dominante technique.

> **Autre règle de forme, privilégiez la synthèse de l'information à la longueur du CV.**

Un CV fastidieux devient illisible sur une page. La clarté de l'information, la mise en valeur des points importants facilite la lecture. En mettre trop ne sert à rien, seules quelques informations permettront à votre lecteur de vous retenir.

A la question fréquente que nous avons de la part des candidats, faut-il qu'il soit sur une ou deux pages ? Je réponds peu importe, c'est selon la durée de votre carrière. Un cadre qui a vingt ans d'expérience aura des difficultés à l'intégrer dans une page sans rentrer dans le risque évoqué plus haut. Un jeune candidat qui dispose de deux années d'expérience n'a pas intérêt à en mettre deux pages.

Y a-pas photo ? Vous imaginez souvent que le recruteur va se faire une idée de vous à travers votre photo ? Vous vous trompez !

Mon expérience du recrutement m'a souvent démontré le contraire : rares sont les candidats qui ressemblent à leur photo.

Cela ne veut pas dire qu'il ne faut pas en mettre, surtout si elle est demandée, mais pensez qu'elle peut avoir un autre objectif. C'est un moyen visuel de vous différencier et de vous mémoriser !

Le consultant gère une masse de papiers qui se ressemblent, personne ne ressemble à votre photo !

> Assurez-vous tout de même, à l'aide de votre entourage que votre photo vous met en valeur et non l'inverse. Pour cela, montrez-la à plusieurs personnes et faites-les choisir. On est, dans le cas de sa propre image, très mauvais juge !

Internet permet très vite, et avec peu de contraintes, d'envoyer son CV. Pour autant, si le poste vous intéresse vraiment, doublez cet envoi d'un dossier adressé par la poste. En effet, vous n'êtes, d'une part, pas à l'abri d'un bug informatique (cela nous est arrivé récemment et 50 dossiers n'ont pu être édités), de plus la facilité d'Internet relativise quelque peu l'acte de recrutement.

Je m'explique : si le consultant se met à la place de son candidat, il sait que le temps passé à écrire une lettre et à poster son CV a demandé un investissement plus important pour le candidat. Il aura tendance naturellement à respecter davantage cette approche. De plus, le dossier est vraiment personnalisé et donne une idée plus précise de vous-même.

> Si vous adressez une candidature spontanée, la lettre manuscrite n'a pas d'importance puisque l'on sait que votre objectif est de "toucher" un maximum de cibles en un minimum de temps. Dans ce cas, le mail ne pose pas de problèmes, à condition de vérifier que le format sous lequel vous l'envoyez peut être lu !

Le contenu de votre CV

A la réflexion, vous savez qu'il vous faut adapter votre message à l'annonce que vous avez lue ou au poste pour lequel vous êtes chassé. Pour autant, vous n'allez pas établir un CV par offre d'emploi. Tout d'abord, c'est trop fastidieux et de plus, combien de fois avons-nous reçu des candidats qui cherchaient désespérément à savoir quel CV ils nous avaient envoyé pour adapter leur discours à l'écrit. Sincèrement, cela ne fait pas professionnel !

Ce qui veut dire qu'idéalement, votre exercice le plus difficile sur ce sujet va consister à mettre en place, à de rares exceptions près, un seul outil de communication.

Mettre en place l'outil de communication "tout terrain" n'est donc pas si simple !

Certains d'entre vous pensent le contraire parce que votre parcours est unique et qu'il suffit de le retracer. Pas si simple ! Il ne s'agit pas seulement de votre parcours mais de ce qui va retenir l'attention de votre lecteur, en phase avec ses critères de sélection.

L'impact de votre message va dépendre de votre réflexion préalable. Quel est mon parcours, quels sont mes atouts, qu'est-ce que je sais bien faire et qu'est ce que j'ai envie de faire dans mes prochaines étapes ?

La réponse à ces questions simplifie grandement la synthèse écrite. D'autant plus si vous la rapprochez du marché, en sachant quels sont les critères habituellement requis dans les fonctions qui vous intéressent. Pour cela, consultez les offres d'emploi, interrogez les consultants que vous rencontrez.

Sachez aussi qu'en vous rencontrant, le consultant validera très vite la clarté de vos objectifs à travers la clarté de votre CV ! Un candidat qui ne sait pas ce qu'il recherche est vite détecté et présente alors un handicap par rapport aux autres.

⚠️ Si vous répondez à une annonce, vérifiez toujours que les critères de l'annonce trouvent réponse dans le CV.

Revenons à notre lecteur consultant qui a la tâche fastidieuse de lire des centaines de CV.

Comment va-t-il opérer ? Son objectif est de trouver les candidats qui correspondent au besoin de son client et d'en convoquer 15 à 20 au maximum. Qu'il ait 100 CV ou 500, son approche sera sensiblement la même. Pour autant, il ne va pas convoquer inutilement des candidats même s'il a un choix insuffisant sur dossiers. Sa stratégie consistera alors à élargir ses moyens de recherche par d'autres canaux.

Il va opérer son tri selon trois types de sélection : les +, les − et les dossiers en attente. Plus le nombre de dossiers + est important, plus il utilisera de manière fine les critères de son client par un second tri. Les dossiers en attente seront reconsidérés en fonction des candidats rencontrés. Ils ne présentent pas à priori l'ensemble des critères, mais un potentiel intéressant. C'est souvent pour un candidat, la situation qui demande le plus de patience puisque la réponse, qu'il s'agisse d'une convocation ou d'un courrier négatif, va tarder.

Les rubriques clés de votre CV

- Votre identification, les moyens de vous joindre : votre adresse, vos téléphones (le portable est bienvenu), votre adresse e-mail…

- Votre parcours professionnel, de préférence antichronologique si vous avez une expérience de plusieurs années, et chronologique si votre expérience est courte. Soyez cohérent dans votre message : l'entreprise, sa taille, votre responsabilité, le chiffre d'affaires dont vous avez la responsabilité, vos équipes, votre type de clientèle…

- Votre formation d'origine et vos formations complémentaires.

- La pratique des langues, de l'informatique… ou d'outils spécifiques liés à votre activité.

- Quelques éléments extra professionnels : famille, loisirs, centres d'intérêt…

Les éléments accessoires (qui peuvent être précisés dans la lettre ou fournis ultérieurement)

- Votre mobilité géographique.

- Votre niveau de rémunération.

- Votre disponibilité.

- Les stages pour les débutants…

- Les pièces jointes telles que les références, diplômes… seront à fournir selon le contexte ultérieurement.

Jeunes diplômés : comment mettre en valeur votre CV ?

Le tri des CV des débutants est ce qu'il y a de plus fastidieux pour un consultant.

Rien ne ressemble plus à un débutant qu'un autre ! Et en général, le nombre de CV, pour peu que le poste ou l'entreprise soient attractifs, est important.

Comment différencier des centaines de CV sans tomber dans la subjectivité ?

Les critères du recrutement seront affinés au maximum avec par exemple : un choix d'écoles bien particulier, homme ou femme, la localisation du candidat: dans la région où se situe le poste...

Autant de critères qui semblent basiques mais qui permettront le tri.

Deux critères prédominent toutefois dans ce contexte :

- le critère de la forme : un CV clair, agréable à lire, qui tient en général sur une page, et qui recense les éléments d'information voire de différenciation comme les loisirs.

- le critère objectif des stages : avec la même formation, les stages différencient déjà les centres d'intérêt professionnels des candidats (type de stage, d'entreprise, localisation éventuellement à l'étranger...). Un stage dans le secteur d'activité et/ou dans le métier du poste va avoir pour le débutant quasi autant d'importance qu'une première expérience.

Vous conviendrez comme moi, que ces critères peuvent être parfois inadéquats et notamment quand on n'a pas forcément pu choisir ses stages ! Mais que feriez-vous à la place du consultant pour départager des centaines de CV identiques ?

QUELQUES CONSEILS SUR LE CV
Jean-Paul Vermes
Auteur du **Guide du CV** *aux Editions d'Organisation*
Vice-président de TMP Worlwide

L'essentiel du CV tient sur la première demi-page

Les éléments d'identité, de formation et la dernière expérience y figurent, c'est l'essentiel pour le lecteur et cela va lui donner envie ou non d'aller voir le reste.

Quand on rédige son CV, il faut se mettre à la place du lecteur et lui présenter les choses tout en lui permettant de capter l'essentiel. Il en a beaucoup à lire et quel que soit le moyen par lequel il est véhiculé (net, fax, courrier), sa présentation a de l'importance.

Le CV n'est pas un brevet d'auto narcissisme, mais un élément qui fait comprendre à son interlocuteur un parcours professionnel.

Le CV dit "vendeur", doit être fait avec une vente intelligente. C'est comme un prospectus, s'il y en a trop, on n'a pas envie d'en savoir plus. Il se doit d'exciter la curiosité de son interlocuteur.

Il faut éliminer ce qui n'apporte rien, faire fi de ce qui intéresse le plus le scripteur qui, en général, est inverse- ment proportionnel à ce qui intéresse le lecteur.

Les éléments de fierté sont très subjectifs. On a tendance à exprimer des satisfactions sur ce dont l'interlocuteur n'a rien à faire.

Il faut faire valider son CV par des tiers. Eliminer les banalités c'est le cas du directeur financier qui dit savoir faire un bilan... le directeur commercial qui a multiplié les ventes par 2... le diplômé de l'X qui précise son bac.

Il faut faire état de ce que l'on a pu apporter à l'entreprise, on est rémunéré pour cela et pas pour ce que l'entreprise vous apporte.

Un CV a tendance à être tourné vers le passé, alors qu'orienté vers l'avenir, il excite son lecteur.

Par exemple le champion Carl Lewis : ce qu'il a fait il y a dix ans aux cent mètres est moins important, que de savoir ce qu'il sera capable de faire demain.

Le détail de ce qui a été fait, il y a vingt ans, n'a pas d'importance.   .../...

Le CV se doit d'être juste, sincère et véritable : personne n'aime être trompé.

Il ne doit pas y avoir de zones d'ombre. Les dates sont précises, car l'imprécision inquiète.

La photo qui l'accompagne doit être réaliste et ne doit pas dater de quinze ans en arrière.

En résumé, la première page est capitale, les rubriques sont courtes et claires, la deuxième page est complémentaire.

LA RECHERCHE COMPLÉMENTAIRE D'INFORMATIONS PAR TELEPHONE, QUESTIONNAIRES...

Le consultant a opéré son tri de CV ou a analysé avec son chargé de recherche un ensemble de profils ou de CV. Avant d'envisager un entretien et de faire déplacer un candidat, il va souhaiter rapprocher les critères de l'entreprise avec ceux du candidat.

C'est pourquoi de plus en plus aujourd'hui, une recherche d'informations complémentaires va se faire par téléphone ou à l'aide d'un questionnaire ou d'un dossier de candidature.

La recherche d'informations par téléphone

Qui va se charger de cette recherche d'information ?

Il y a plusieurs cas de figure selon le niveau du poste ou la qualité des informations recherchées.

Ce peut être :

- l'assistante du consultant, notamment pour des critères basiques tels que la rémunération, la localisation... ;

- le chargé de recherche, quand il faut valider une compétence ou la connaissance spécifique d'un secteur d'activité en plus des critères énoncés plus haut.

■ le consultant lui-même, s'il n'a pas de chargé de recherche ou s'il souhaite mieux comprendre la motivation du candidat en plus des critères validés ci-dessus.

L'entretien téléphonique est un entretien de sélection

■ Vous répondez ou non aux critères du recrutement et il engage un rendez-vous ou non avec le consultant.

■ Vous devez vous y préparer afin de le traiter efficacement et donner une image synthétique de vos compétences et motivations.

■ Vous devez savoir répondre à toute question spontanément, sans être désarçonné, mais vous devez aussi préciser avec ouverture vos critères de recherche.

Les conseils pour bien aborder un entretien téléphonique

■ D'entrée de jeu, demandez à votre interlocuteur le temps qui sera nécessaire à cet entretien : 5 mn ? 15 mn ? afin de vous assurer que vous serez disponible pendant toute la durée de l'entretien.

■ Précisez d'emblée, si c'est le cas, que vous pouvez difficilement parler et prenez un rendez-vous téléphonique ultérieur. Il est important que vous soyez à l'aise pendant cette communication et que personne (collègue, supérieur hiérarchique ou enfants si vous êtes chez vous) ne vienne vous déranger.

■ Demandez à qui vous avez affaire si la personne ne s'est pas présentée ou l'a fait trop rapidement: assistante, chargé de recherche ou consultant... Cela vous permettra d'adapter vos réponses à votre interlocuteur et de mieux comprendre l'enjeu de l'entretien.

■ Soyez concis : c'est encore plus vrai en entretien téléphonique que lors de la rencontre. Votre interlocuteur voudra aller à l'essentiel et valider le plus rapidement possible ses critères.

- Ne cherchez pas à obtenir un rendez-vous à tout prix si ce n'est pas le but de cette démarche pour votre interlocuteur. Par contre, si votre profil ne correspond pas aux critères du poste, informez-vous des opportunités habituelles du cabinet face à un profil tel que le vôtre.

- Un détail concernant votre outil téléphonique : le cabinet va utiliser de préférence votre téléphone personnel, votre mobile ou votre ligne directe au bureau si vous l'avez indiquée sur votre CV. Dans tous les cas, faites attention à la qualité du message que vous laissez sur votre répondeur ou sur votre messagerie. Ce message donne déjà une idée de vous-même ! Soyez simple et direct !

Evitez les messages avec les voix d'enfants, les musiques préalables toujours trop longues, les gags en tous genres... et parfois de mauvais goût!

Ayez une réflexion d'ensemble sur vos outils de communication, que ce soit le CV, le téléphone... ils auront leur importance dans le processus.

La recherche complémentaire d'informations par questionnaire

Les cabinets disposent en général d'un questionnaire de candidature ; c'est plus souvent le cas pour les cabinets de recherche par annonce que pour les cabinets qui traitent leurs missions en chasse pure.

Les candidats qui remplissent habituellement des questionnaires se plaignent d'avoir à renouveler l'exercice à chaque fois et déplorent l'absence d'un outil commun pour l'ensemble des cabinets.

Il faut en général le remplir de manière manuscrite, ce qui arrive aussi au moment du rendez-vous dans le cabinet (voir chapitre 4).

Dans un certain nombre de cas, le cabinet a intérêt à envoyer le questionnaire au préalable :

- Soit le candidat ne répond pas totalement aux critères du poste mais peut être intéressant pour une mission ultérieure ; ce qui permettra de mieux renseigner la base de données.

- Soit c'est un préalable à l'entretien, et l'entretien est déjà programmé.

- Soit dans le cas intermédiaire, il permettra d'avoir des renseignements précis qui ne figurent pas forcément dans votre CV, tels que les dates, la nature des diplômes réellement obtenus... et il débouchera peut-être sur un rendez-vous avec le consultant.

- Soit, dernier cas de figure : le déplacement du candidat pour rencontrer le consultant est contraignant, du fait de la distance ou de la difficulté de ce dernier à dégager du temps. Alors, le questionnaire, comme l'envoi préalable de la définition de fonction du poste proposé, fera gagner du temps de part et d'autre.

Les chasseurs de têtes sont bien conscients que les candidats qui remplissent idéalement les critères recherchés par les entreprises sont fortement sollicités et sélectionnent à bon escient les offres qui leur sont faites. Personne n'a intérêt à perdre son temps.

Le questionnaire vous permet d'écrire précisément non seulement votre parcours et les dates précises qui le jalonnent, mais aussi le plus souvent vos souhaits professionnels tels que le type de poste, la mobilité, vos attentes, vos critères, la rémunération... et vous engage en général par écrit puisque l'on vous demande de signer le document.

- Ecrivez lisiblement et répondez aux questions posées. Un questionnaire bâclé montre l'importance que va y consacrer son scripteur, donc sa motivation ! voire parfois la volonté de ne pas répondre précisément à certaines questions.

A contrario, un questionnaire rempli avec beaucoup de soin mais donnant trop d'informations détaillées sera aussi significatif de la personnalité et renforcera le sens du détail du candidat au détriment de sa capacité de synthèse!

- Renvoyez le questionnaire rempli à son expéditeur dans un délai d'une semaine maximum. Si vous souhaitez qu'il soit mis en rapport avec la mission et qu'il confirme aussi votre intérêt.

La sélection des CV en quelques chiffres

Le cabinet reçoit de 100 à 200 réponses pour un poste. L'assistante ou le chargé de recherche va en éliminer la moitié en utilisant les critères de l'entreprise. Le consultant fera ensuite son tri sur les 50 à 100 CV restants, pour en sélectionner 20/25. Le chargé de recherche ou l'assistante assurera le renseignement téléphonique pour organiser à l'arrivée entre 10 et 15 rendez-vous avec le consultant. Sur ces 10 à 15 rendez-vous, trois à cinq candidats rencontreront l'entreprise.

CHAPITRE 4

COMMENT PRÉPARER VOTRE RENCONTRE AVEC LE CHASSEUR DE TÊTES ?

Voici venu le moment que vous attendiez et qui vous permettra de faire valoir votre candidature, comme d'en savoir plus sur le poste et l'entreprise qui recrute.

C'est un moment essentiel pour vous comme pour les recruteurs. Il permet de mesurer l'adéquation de vos compétences et de votre motivation aux besoins et souhaits de l'entreprise.

C'est un moment générateur naturellement de stress même si emportés par leurs objectifs, les recruteurs l'oublient parfois !

Rares toutefois sont les recruteurs et les cabinets qui vont chercher à rendre ce moment désagréable ! Non seulement l'évolution du marché vous rend plus client que simple candidat demandeur d'emploi, mais de plus, les méthodes consistant à mettre en difficulté un candidat potentiel pour mesurer ses compétences et sa résistance ont moins lieu d'être aujourd'hui.

Otez-vous de l'esprit que le chasseur de têtes cherche à multiplier les embûches !

☞ *Pour l'anecdote, j'interrogeais récemment des candidats, intégrés dans la même entreprise pour constituer une équipe, sur leur perception de leur entretien au cabinet. Quelle n'a pas été ma surprise de me rendre compte que tout en ayant apprécié l'accueil, ils s'imaginaient aussi des choses qui n'avaient rien à voir avec la réalité (enfin avec ma réalité!).*

Par exemple, ils ont eu le sentiment d'être isolés lors de leur venue, et de ne pas croiser d'autres candidats, comme si le but était d'empêcher le contact avec d'autres personnes !

Je leur ai expliqué que nous avions créé trois salles d'attente volontairement afin que deux candidats, pouvant se connaître et faisant parfois partie de la même entreprise, ne puissent pas, par souci de confidentialité, se rencontrer.

> *Le respect de la discrétion de la recherche d'un candidat peut être interprété comme une volonté d'isolement !*
>
> *De même que les miroirs sont parfois imaginés comme des outils d'observation à l'insu des candidats !*
>
> *Chers amis chasseurs de têtes, enlevez les miroirs de vos salles d'attente et de vos bureaux ! ...*
>
> *Je remercie mes ex-candidats d'avoir aussi spontanément fait part de leur perception car ils m'ont ouvert les yeux sur toutes leurs angoisses et leurs attentes et sur le besoin de mieux communiquer aussi sur le rôle du recruteur.*

Ce chapitre vous apportera des conseils dans la situation d'entretien afin de vous aider à y être performant et à relativiser ce moment important.

Se mettre à la place du recruteur, mieux comprendre ses demandes et y voir d'autres objectifs que ceux qui vous viennent à l'esprit spontanément ne peut que renforcer votre efficacité.

LA PRÉPARATION DE VOTRE ENTRETIEN

Si le chasseur de têtes vous propose un entretien, c'est qu'a priori votre candidature répond majoritairement aux besoins du poste et de son client.

La rencontre reste en France un moment essentiel de partage de connaissances et d'évaluation.

L'objectif du chasseur de têtes va être d'évaluer vos compétences, votre savoir-faire comme votre savoir-être, votre motivation et les critères qui vous animent dans votre processus de changement puis de vous présenter l'entreprise et le poste à pourvoir. Quand je dis vous le présenter, c'est aussi vous le vendre en toute honnêteté.

Un travail sur vous-même

Votre travail préalable est d'analyser précisément votre candidature, et, si l'occasion de faire un bilan de compétences se présente ce peut être un atout réel et sérieux pour bien vous connaître et vous situer sur votre marché.

Si vous êtes chassé, vous n'avez pas forcément eu le temps de faire ce travail sur votre carrière et nous vous conseillons de le faire rapidement avant l'entretien.

A ce titre, si votre CV n'est pas encore prêt ou à jour, utilisez justement cet exercice pour faire le point.

Ayez bien en tête les étapes de votre parcours, le pourquoi de vos changements, et le comment de vos réalisations. La précision, le caractère concret de vos réponses seront des atouts rassurants pour votre interviewer.

Un travail sur le poste et l'entreprise

Afin de bien se situer sur un marché, il est important de le connaître. De plus, votre chasseur de têtes comme on l'a déjà dit vous évaluera sur la pertinence de vos questions. La connaissance du secteur ou de l'entreprise sera un plus en votre faveur.

A ce stade, plusieurs cas de figure se présentent ; soit vous connaissez déjà l'entreprise qui recrute, soit vous ne la connaissez pas mais vous avez une idée précise de son secteur, soit vous ne connaissez ni l'un ni l'autre mais vous pouvez vous renseigner sur les sites d'informations des sociétés sur Internet.

- Vous connaissez le nom de l'entreprise : vous allez rechercher sur Internet par exemple, les éléments qui la concernent, vous chercherez également les informations ayant pu paraître dans la presse et qui mettront à jour votre connaissance de sa stratégie (*via* des supports comme *Les Echos*) et tenterez de la situer sur son marché en France comme à l'international. A partir de ces éléments, vous préparerez une synthèse et les questions qui restent en suspens.

- Vous savez sur quel secteur elle se situe : opérez de la même façon et faites-vous une idée précise de ses différents acteurs et de leur stratégie.

- Vous ne connaissez ni l'entreprise, ni le secteur, mais votre candidature les intéresse. Si vous êtes dans une fonction en prise avec le marché, c'est soit le type de clientèle que vous connaissez soit le type de problématique auquel vous avez pu faire face qui fait le lien avec le poste. Faites un inventaire de vos différents types de clients et de concurrents ; il y a fort à parier que le lien est à ce niveau. Si vous occupez un poste dit fonctionnel ou support, de type finances, administratif, ressources humaines… Il sera beaucoup plus difficile de faire le lien… C'est sans doute tout simplement le contenu et la dimension de votre fonction qui auront prédominé dans la première sélection.

Ultime conseil avant votre entretien : organisez votre rencontre et votre travail, comme vous le feriez en allant voir un prospect stratégique, surtout si vous êtes déterminé à le convaincre.

Pour autant, adaptez-vous à la situation et laissez beaucoup d'ouverture aux questions inattendues. Préparer ne veut pas dire rigidifier sa présentation, mais cette préparation va vous rendre plus ouvert aux questions car vous aurez pu anticiper certaines d'entre elles.

LE CONTACT AVEC LE CABINET DE RECRUTEMENT

Vous arrivez au rendez-vous chez le chasseur de têtes

Les aléas des transports ont pu vous mettre en retard : téléphonez pour prévenir.

Vous êtes en avance, n'arrivez tout de même pas une demi-heure plus tôt que prévu ! De préférence, soyez à l'heure.

A ce stade, vous allez sans doute imaginer que votre recruteur vous croit angoissé ou très motivé parce que vous arrivez trop tôt ou bien que vous êtes souvent en retard puisque vous l'êtes dès le premier rendez-vous…

N'imaginez rien… votre perception de la situation ne sera pas forcément la sienne et il peut avoir des contingences à gérer qui ne vous concernent pas.

Dans tous les cas, pour mieux vous adapter à cette situation, essayez de voir différemment, d'agrandir votre cadre de références et mettez-vous à la place de l'autre. En vous mettant à sa place dans une attitude positive, vous relativiserez vos propres émotions.

Une fois dans le cabinet, on va vraisemblablement vous proposer de vous installer en salle d'attente.

Celle-ci peut avoir plusieurs objectifs :

- être tout simplement un lieu d'attente ;
- vous permettre de prendre connaissance au préalable de l'entreprise et du poste par la consultation du dossier, de la plaquette de l'entreprise voire d'une vidéo la concernant ;
- vous faire remplir un dossier complémentaire de candidature.

Ce peut aussi être les trois à la fois !

N'hésitez donc pas, pour une bonne gestion de vos rendez-vous et de votre planning, à demander lors de la prise de rendez-vous au téléphone, le temps à prévoir.

N'hésitez pas non plus à vous le faire repréciser en arrivant au cabinet, comme à faire savoir sans impatience marquée que vous avez un engagement à la suite et que, pour votre organisation, vous souhaitez l'indiquer au consultant qui va vous recevoir.

Le temps et sa perception sont extrêmement personnels, vous êtes candidat et en général vous ne souhaitez pas attendre, votre consultant souhaite que vous preniez bien connaissance des éléments du poste et de l'entreprise, afin d'optimiser votre rencontre ; de plus le rendez-vous qui vous a précédé est peut-être arrivé en retard et a décalé les autres rendez-vous… Autant de raisons explicables. N'imaginez pas tout de suite une volonté délibérée du consultant de vous faire attendre pour mesurer votre résistance au stress par exemple…

Il n'y a pas de volonté de vous mettre en difficulté !

Un autre conseil, utilisez à bon escient le contact avec l'assistante pour communiquer vos demandes particulières, n'hésitez pas à demander si vous pouvez saluer le chargé de recherche qui vous a contacté… Autant d'ancrages relationnels qui pourront vous être utiles ultérieurement.

Personnellement, et je ne pense pas être la seule dans ce cas, je tiens particulièrement compte de l'avis de l'assistante et du chargé de recherche avant l'entretien.

Une attitude de respect, de sympathie vis-à-vis d'eux aidera généralement la relation qui suivra et c'est vrai à tous les niveaux de poste. Un directeur général qui saura communiquer avec une assistante démontre un certain type de relations favorables à l'ambiance de l'entreprise.

Quelle doit-être votre attitude par rapport au questionnaire à remplir ?

Rares sont les candidats qui apprécient cet exercice. En effet, vous considérerez souvent qu'il fait double emploi avec votre CV et que vous allez réécrire ce qui y figure ! C'est pourquoi, très souvent, on vous le proposera après entretien surtout si vous avez été "chassé". Parfois même, on ne vous le proposera pas du tout.

Plusieurs bonnes raisons pourtant pour le remplir :

- Votre consultant et son client vont ainsi avoir la même grille de lecture pour l'ensemble des dossiers et, au-delà du CV, auront des réponses qui ne figurent pas dans ce dernier.

- Le document sera le plus souvent manuscrit, sauf pour ceux qui figurent sur les sites web, et permettra de personnaliser votre candidature voire d'effectuer ensuite une analyse graphologique, si cela fait partie des pratiques du cabinet.

- Le questionnaire permet parfois d'évaluer, même si cela semble accessoire, la formulation écrite et l'orthographe.

- Il intègre la notion de confidentialité et d'utilisation des données en rapport avec la loi informatique et libertés et vous protège en cas de litige (voir à ce sujet le chapitre 10).

- Il requiert le plus souvent un engagement signé sur la validité des informations qui y figurent et renforce votre implication.

- Il permet de remettre une partie des éléments dans la base de données du cabinet et de pouvoir vous recontacter utilement lors d'une prochaine opportunité.

- ...

Il est sans doute difficile de ne pas le vivre comme un travail quelque peu scolaire, il est néanmoins utile pour votre interlocuteur. Il vous permet aussi à travers ses questions ouvertes de faire passer votre motivation et de vous vendre !

L'ENTRETIEN AVEC LE CONSULTANT, SON OBJECTIF, SES QUESTIONS

Quel est l'objectif du consultant qui vous rencontre ?

- Vous connaître.

- Valider votre adéquation au poste et votre motivation.

- Vérifier la compatibilité de vos valeurs avec celles de l'entreprise.

Lors de l'entretien, après vous avoir mis à l'aise, il vous posera des questions qui vont lui permettre de répondre à cet objectif. L'entretien peut être alors soit directif (questions fermées), soit semi-directif (alternance de questions fermées et ouvertes).

Rarement, l'entretien sera non directif, ce qui veut dire mené par le candidat sans lien apparent avec l'objectif du recruteur.

L'entretien type

Au préalable le candidat a pris connaissance du dossier complet donnant les éléments sur l'entreprise, le poste et le profil recherché. Le consultant va chercher le candidat en salle d'attente et l'installe dans son bureau.

Types de questions habituellement posées en entretien

Premier type de questions d'introduction

- Rentrons dans le vif du sujet, si vous le voulez bien, vous avez lu la documentation, quelles sont les questions complémentaires que vous vous posez et pour lesquelles vous n'avez pas eu de réponse ?

- A partir de votre lecture et de l'ensemble des informations reçues, ce poste vous intéresse-t-il et pourquoi ?

- Quels sont les atouts dont vous disposez pour répondre à ce poste ?

- De quoi aurez-vous besoin pour répondre aux attentes du poste ?

Questions concernant la biographie

- Afin que je puisse mieux vous connaître, nous allons parcourir votre évolution à partir de vos études...

- Où êtes-vous né ?

- Pourquoi avez-vous choisi ces études ?

- Parlez-moi de vos stages d'études... (surtout pour un débutant)

- Comment avez-vous choisi votre premier emploi ?

- Qu'est-ce qui vous a poussé à quitter telle entreprise ?

- Définissez-moi précisément vos responsabilités : chiffre d'affaires, management d'équipes, clients..., résultats..., difficultés rencontrées...

- Où en êtes-vous précisément aujourd'hui ?

- Quels sont les critères que vous recherchez dans une nouvelle opportunité ?

- Qu'est-ce qui vous fait dire que vous ne pouvez pas les trouver dans votre entreprise actuelle ? En avez-vous parlé à votre hiérarchie, aux ressources humaines ?

- Pouvez-vous définir ce que vous savez bien faire en terme de compétences ?

- Ce que vous ne savez pas faire ?

Questions concernant la personnalité

- Quels sont vos points forts ?

- Quels sont vos points faibles ou à améliorer ?

- Comment l'un de vos collaborateurs vous décrirait-il ? Et votre patron ? Et vos collègues ? Qu'apprécient-ils chez vous, que peuvent-ils vous reprocher ?
- Qu'avez vous réussi de mieux dans votre vie ?
- Quel est votre principal échec ?

Questions concernant les aspects privés

- Etes-vous marié ? Vivez-vous vraiment seul ? (pour celui qui se déclare célibataire)
- Votre conjoint travaille-t-il ?
- Etes-vous mobile sur le plan familial ?
- Quel est l'âge de vos enfants, leur scolarité, comment vivraient-ils un déménagement ?
- Quelles sont vos activités extra-professionnelles, que vous apportent-elles ?

Questions concernant les aspects plus pratiques

- Quel est votre niveau de pratique de telle langue (requise pour le poste) ?
- Pouvons-nous continuer notre conversation dans cette langue ?
- Quelle est votre rémunération annuelle brute ?
- Comment est-elle constituée ?
- Quelle est votre rémunération mensuelle fixe ?
- Quels sont vos avantages ? voiture, frais de déplacement, logement, stock options...
- Que souhaitez-vous sur le plan de la rémunération ?
- Quelle est votre disponibilité ?

Organisation du recrutement, de sa suite et fin de l'entretien

▪ Comment situez-vous ce poste par rapport aux autres contacts que vous avez ?

▪ Où en sont d'ailleurs vos contacts, quel est votre planning ?

▪ Qu'est-ce qui sera déterminant dans la confirmation de votre motivation ?

▪ Avez-vous le souhait de poursuivre ?

QU'EST-CE QUI EST IMPORTANT EN ENTRETIEN ?
JACKIE TOD

Dirigeante de Rossignol, Tod et Associés et ex-presidente de l'Aprocerd / ex-syndicat professionnel d'Executive Search et vice-présidente du syndicat du conseil en recrutement Syntec

Resituons l'origine de Jackie Tod, Ecossaise arrivée en France en 1970 et qui démarre sa carrière professionnelle dans le secteur informatique jusqu'à ce qu'elle devienne DRH chez Bull et décide de créer son cabinet en association en 1984.

« J'étais très étonnée que la sélection en France se fasse par les maths, ce qui étonne d'ailleurs tous les autres pays.

Mes critères de sélection en entretien sont ceux des réalisations, les raisons de changement de poste et tout l'aspect personnalité.

Au bout de 3/4 d'heure, j'avoue ne plus écouter tellement le déroulement de carrière mais ce qui est "autour". Ce qui est important alors ce n'est plus ce qui est dit mais la façon dont c'est dit.

Les questions que je pose : comment avez-vous managé votre boss ? Quel genre de patron êtes-vous, vu par vous et par les autres ?

Toutes les informations apportées sont notées et ensuite validées par des prises de références très précises. La prise de références est pour moi quelque chose de très important : Ce ne sont pas dix minutes complaisantes. Nous rentrons dans le détail. C'est important de savoir comment le patron a vécu les réalisations de son ex-collaborateur qui est notre candidat, qu'il nous parle également des moments durs, vécus ensemble, d'une négociation difficile avec un client ou bien avec les équipes...

Les références sont transmises par écrit au client, avec l'accord de celui qui a témoigné.

Je ne fais pas d'entretien de déstabilisation, j'aime mettre à l'aise le candidat, c'est plus insidieux pour en savoir plus. C'est au bout d'une demi-heure que la personne se découvre.

.../...

Je me méfie toujours de mon intuition entre l'apparence positive du départ et la façon dont elle peut évoluer par la suite... L'apparence a de l'importance, on le voit en trois secondes, et une femme est sans doute plus intuitive en recrutement.

Aux USA, il est interdit d'aborder des questions d'ordre privées. Pour ma part, je les pose facilement, la vie privée a une grande importance dans les choix du candidat et dans son épanouissement futur. Un cas qui m'a marqué est celui d'un candidat marié à une Italienne : au bout de deux jours dans son poste en France, il a démissionné car elle avait refusé d'y venir. Si on ne creuse pas assez les motivations profondes comme les contraintes potentielles, y compris privées, on peut faire de grandes erreurs de conseil auprès de nos clients. Personne n'a envie de se tromper et de recommencer : ni l'entreprise, ni le candidat, ni le cabinet.

Un candidat qui laisse sa famille derrière lui pour choisir un job porte à terme préjudice soit à son couple, soit à ses enfants avec lesquels il perd la connexion quotidienne... cela dure dix-huit mois. L'exception que j'ai pu remarquer est la localisation de la femme dans une belle province qu'elle ne veut pas quitter et où elle se sent bien. La femme à Paris a plus de mal à faire face seule à un rythme de vie plus difficile.

Quand le recrutement est terminé, beaucoup de candidats se plaignent de ne plus entendre parler du "chasseur", c'est important de programmer le suivi de l'intégration du candidat.

On adore d'ailleurs quand le candidat téléphone de lui-même pour faire part de son arrivée dans l'entreprise et de ses commentaires... »

QUESTIONS AUX CANDIDATS LORS DE L'ENTRETIEN
JEAN-PAUL VERMES
Vice-président de TMP Worldwide

Y-a-t-il des questions pièges ?

Je n'en ai pas.

Si la question est embarrassante, c'est que l'interlocuteur s'est mis en situation de se la faire poser.

Un recruteur ne cherche jamais à piéger mais à valider. La survente par le candidat est pénalisée. Pour ma part, j'aime les entretiens semi-directifs, recentrer la conversation sur des sujets d'intérêt en adéquation au poste.

On reconstitue un puzzle en peu de temps. S'il n'est pas lisible, on pose des questions embarrassantes.

Le chasseur de têtes a besoin d'un portrait de la personne : ses compétences, sa personnalité... pour savoir si le mariage est possible. Il y a des questions anecdotiques :

- Quelle est la qualité dont vous vous méfiez le plus ?

- Les points forts et les points faibles, c'est banal et idiot sauf si cela ouvre sur autre chose et souvent une question banale ouvre sur autre chose.

Le jeu de l'entretien c'est séduction et conviction.

Si les interlocuteurs s'abusent, on va droit dans le mur; l'authenticité est importante en entretien. On a en permanence le secret espoir que ce sera le candidat recherché, on valide cet espoir en entretien.

Les questions sont parfois difficiles parce que le temps imparti est relativement court pour cerner le candidat. Le temps est compté, il ne permet pas d'avoir toutes les informations, mais à un moment donné l'avis est positif ou non.

Les questions, quelles qu'elles soient, recentrent le sujet. Elles peuvent être perçues comme agressives, piègeantes... alors qu'elles ne le sont pas.

Certains ont du mal à s'en tirer face à certaines questions : l'homme a surtout peur de son ombre !

QUELLES QUESTIONS POSER LORS DE L'ENTRETIEN ?

JEAN-FRANÇOIS DROUOT L'HERMINE

Président directeur général de Drouot L'Hermine Consultants et
Président du syndicat du conseil en recrutement Syntec

Beaucoup de candidats procèdent par élimination dans leurs choix professionnels. Il est donc souvent plus facile de les faire parler de ce qu'ils ont envie de faire que du pourquoi de ce à quoi ils ont renoncé : je leur pose donc la question.

Projetez-vous dans le poste : tout de suite et trois ans plus tard, comment faites-vous et que se passe-t-il ?

Pour détourner la difficulté des questions sur la vie privée, je leur demande :

"Si vous vous déplacez, vous avez quelqu'un dans vos bagages ?"

Je navigue entre l'entretien directif et l'entretien non directif : selon les individus, soit je suis directif, soit je le laisse aller (c'est d'ailleurs la meilleure façon de laisser le candidat se planter !). Quand il parle des heures sans pouvoir s'arrêter... Je lui précise que ce qu'il dit est tellement intéressant que nous n'aurons pas le temps de traiter le sujet aujourd'hui ou je fais en sorte que ma secrétaire m'appelle pour pouvoir mettre fin à l'entretien.

La durée de l'entretien ?

Un bon entretien de 30 minutes vaut mieux qu'un entretien qui dure et qui se passe mal, mais une durée normale se situe pour moi autour d'une heure.

Un conseil en entretien ?

Ecoutez votre interlocuteur, ne cherchez pas à vous imposer, il faut comprendre quand le consultant ne vous écoute plus.

Un candidat introduit ?

Il a toujours tendance à croire que cela le sert, c'est faux !

Le conseil que je donne à mes consultants ? : ne pas éliminer un candidat sur des critères de personnalité alors qu'il est 100% dans la cible. Il faut en parler au client et émettre des réserves.

La méfiance du consultant vis-à-vis de son candidat : tous les consultants sont tombés sur des gens tordus ou qui trichaient, cela nous a rendus méfiants.

Une façon de relativiser sa rencontre avec le chasseur de têtes ?

Sur 1000 ou 2000 candidats rencontrés par an, il y a :

– 1% de gens compliqués,

– environ 20% de gens qui nous intéressent,

– environ 30% de gens qui nous intéresseront un jour,

– 50% pour lesquels on ne peut rien faire et avec lesquels on ne fera jamais rien : autant en profiter pour leur donner des conseils, surtout s'ils nous le demandent !

Que fait le consultant avant et après l'entretien ?

Avant l'entretien

Le consultant aura relu *a priori* votre CV et la lettre qui l'accompagne. Il aura souligné les points qu'il souhaite clarifier et aura pris connaissance de la note élaborée par son chargé de recherche donnant la synthèse des points de convergence avec le poste et des points d'interrogation.

Parfois, cette lecture aura été très rapide car le consultant maîtrise plus ou moins bien son emploi du temps et passe probablement d'un rendez-vous à l'autre sans avoir beaucoup de temps entre les deux.

Si vous vous rendez compte en entretien que le consultant vous pose une question dont la réponse est dans le CV, ne le lui faites pas remarquer. Tout d'abord il ne se sentirait pas à l'aise d'avoir le sentiment d'avoir survolé votre CV quand vous faites l'effort de vous déplacer pour un rendez-vous et puis peut-être est-ce aussi le moyen de vous faire exprimer autrement ce que vous avez indiqué dans le CV.

Pendant l'entretien

Au-delà des questions que le consultant vous pose, il aura tendance naturellement à prendre des notes au cours de l'entretien. Ce n'est pas très agréable de parler face à quelqu'un qui écrit, mais c'est plutôt rassurant de savoir que ce que vous dites est enregistré. La situation d'entretien ne consiste pas seulement à s'asseoir et à parler !

Que faire quand vous avez le sentiment que le consultant n'arrive pas à écrire au rythme de vos paroles. Evitez de parler alors en regardant la pièce ou les tableaux au mur. Restez concentré sur ce que vous dites et n'hésitez pas à donner des exemples sur vos propos pour lui laisser le temps d'écrire.

Après l'entretien

Si le consultant a le temps de faire une note de synthèse rapide, le plus souvent sur son ordinateur, il y mettra l'essentiel à chaud. Ce qui lui permettra ensuite, en reprenant votre dossier, de pouvoir rédiger une synthèse complète à remettre à son client ou de se remémorer rapidement l'entretien quand il aura vu l'ensemble des candidats pour le poste.

Cette synthèse rapide va reprendre en général la première impression physique que vous dégagez, des éléments de personnalité, d'adéquation au poste et l'avis rapide du consultant.

L'objectif des différentes phases de l'entretien : mettez vous à la place du chasseur de têtes, que veulent dire ses questions, où veut-il en venir ?

Il cherche des indices, un seul ne suffit pas à conclure, mais leur corrélation permet d'identifier des comportements et des attitudes exportables dans d'autres contextes que celui du recrutement.

De plus, le recruteur sait que vous allez chercher à donner une bonne image de vous-même et a surtout envie que vous vous dévoiliez réellement pour ne pas risquer d'erreurs de jugement.

Quelles sont les questions pièges auxquelles vous devez vous préparer ?

- Parlez-moi de vous ?

Motivation

- Qu'est ce qui vous intéresse le plus dans ce poste ? Et le moins ?
- Ne pensez-vous pas être surqualifié pour ce poste ? Sous-qualifié ?

- Qu'est-ce qui est important pour vous dans votre prochain travail ?
- Quelles sont pour vous les conditions de travail idéales ?

Relation à la hiérarchie

- Qu'attendez vous de votre futur patron ?
- Décrivez-moi votre dernier responsable hiérarchique, quelles étaient ses principales qualités et ses principaux défauts ?
- Que pensez-vous de votre dernier responsable hiérarchique ?
- Avez-vous déjà travaillé avec un patron difficile? Précisez le contexte et les difficultés que vous avez rencontrées.
- Citez-moi un point de désaccord avec votre dernier responsable hiérarchique ?

Style de l'entreprise

- Quelles sont les principales critiques que vous porteriez sur votre dernière entreprise ?
- Quelle image avez-vous de l'entreprise dans laquelle vous postulez, quels sont ses points forts et ses points faibles ?
- Pouvez-vous me dessiner votre organigramme et me le commenter ?

Poste occupé

- Quels étaient précisément les contours de vos dernières responsabilités ?
- Combien de personnes avez-vous dirigées ?
- Qu'aimiez-vous le plus et le moins dans vos dernières fonctions ?
- Quelle est la décision la plus importante que vous ayez prise pendant cette dernière année dans le cadre professionnel ?
- Quelle est la réalisation dont vous êtes le plus fier, et pourquoi ?

Style de management

- Décrivez-moi votre méthode de management ?

- Qu'est-ce que vous appréciez dans une responsabilité hiérarchique ? Et dans une responsabilité fonctionnelle ? Qu'est-ce que vous n'appréciez pas dans l'une et l'autre ? Quel type de poste, fonctionnel ou hiérarchique vous convient le mieux et pourquoi ?

- Qu'est-ce qui est le plus difficile pour un responsable ?

- Parlez-moi d'une difficulté que vous avez contournée et comment ?

- Parlez-moi d'une solution créative que vous avez trouvée pour régler un problème ?

- Quel est le type de décision que vous aimez le moins prendre ?

- Qu'est-ce qui vous met en situation de stress ?

- Que génère le stress chez-vous ?

- Comment le limitez-vous ?

- Quelles sont les actions que vous avez menées et qui vous font penser que vous êtes un leader ?

- Quelles sont les actions que vous avez menées et qui vous font penser que vous êtes un manager ?

- Quels sont les deux points que vous avez fait progresser depuis deux ans dans votre comportement au travail ?

- Quels sont les deux points que vous souhaitez améliorer d'ici à deux ans ?

- Comment vos collaborateurs peuvent-ils vous décrire ?

- Pouvez-vous me parler de la dernière décision que vous avez prise et qui a été contestée ?

Avenir

- Quelles sont vos ambitions pour le futur ?
- Quels sont vos projets à long terme ?
- Comment vous perfectionnez-vous ?
- Que faites-vous pour progresser ?

Salaire

- Quel était votre dernier salaire ?
- A combien vous estimez-vous ?
- Pourquoi ne gagnez-vous pas plus à votre âge ?
- Quels sont les critères qui pourraient vous permettre de gagner moins ?
- Comment justifiez-vous économiquement votre dernier salaire ?
- Si je vous dis que le poste est moins rémunéré que ce que vous annoncez déjà, comment réagissez-vous ?

Fin de l'entretien

- L'entretien est terminé, avez -vous une dernière question à me poser ?
- Quelle est la question que je n'ai pas posée et que vous auriez souhaité que je vous pose ?
- Que me répondez-vous si je vous dis que votre attitude en entretien n'a pas été convaincante ?
- Qu'est-ce qui vous ferait choisir ce poste par rapport à un autre ?

Dans le cas du candidat sans emploi

- Pourquoi avez-vous été licencié de votre entreprise ?
- Pourquoi avez-vous démissionné ?

- Comment se fait-il que vous êtes depuis si longtemps sans travail ?

- Qu'est-ce que cette situation a changé dans votre vie ?

Les questions permettant de mesurer des capacités spécifiques

- S'il s'agit d'analyse : Quelle analyse faites-vous du rapport annuel de l'entreprise que vous venez de découvrir ?

- De synthèse : Pouvez-vous me résumer le document d'information dont vous venez de prendre connaissance sur le poste ?

- De conceptualisation : Quel est le rôle de la direction Recherche et Développement en général ?

- De réalisation : Quels objectifs vous êtes-vous fixés dans votre direction R&D et comment les avez-vous réalisés (le candidat aura concrètement fait le lien avec la question précédente en passant du conceptuel à son organisation) ?

- De créativité : Quelles sont les différentes solutions que vous avez envisagées et comment auriez-vous pu les mettre en place ?

- De curiosité : Quelles sont les questions que vous vous posez sur le poste ?

- De changement : Qu'avez-vous apprécié dans le changement d'organisation, qu'est-ce qui a été difficile pour vous ?

- D'intelligence sociale : Quelle est votre capacité à vous mettre à la place de l'autre ?

Et la provocation

Rappelons que les situations qui créent la provocation sont aussi celles ou vous apportez des réponses sans grand intérêt aux questions posées. Ne vous étonnez pas que le recruteur cherche alors à vous déstabiliser en vous provoquant !

Ce sont les réponses convenues ou conformistes que votre recruteur va souhaiter creuser.

Les réponses qui poussent à en savoir plus :

- Dans ce groupe, ne sont reconnus que ceux qui font de la politique...

- J'étais en désaccord avec la politique générale...

- On ne m'a pas donné les moyens nécessaires à ma mission...

- J'ai subi le changement de stratégie de l'entreprise...

- Dans ce groupe, il ne faut surtout plus dire ce que l'on pense...

Question de provocation :

- Et si j'appelle votre dernier patron, il me le confirmera de la même façon ?

QUESTIONS D'ENTRETIEN
HYMANE BEN AOUN
Pdg de Diaphane Ressources Humaines

Au cours de l'entretien, je fais parler le candidat, pose peu de questions pour mesurer sa capacité de synthèse.

Si je ne comprends rien à ce qu'il raconte, c'est que c'est trop technique. Cela lui sera défavorable.

Quand je parle du poste, je lui demande ce qu'il peut apporter.

Je lui demande en quoi il est légitime sur le poste, notamment pour un candidat chassé. Je m'interroge toujours sur les candidats qui veulent rester confidentiels et qui ne veulent pas s'exprimer.

Je demande à mon interlocuteur comment il positionne le poste que je lui propose par rapport aux autres propositions en cours.

Pour un poste de directeur général, il y a beaucoup d'oral, pas forcément une description de poste détaillée, pas de CV... et il peut y avoir de grosses incompréhensions en final. Je demande alors au candidat de faire une synthèse écrite sur sa vision du poste. C'est radical pour le justifier en tant que candidat ou l'écarter définitivement. J'ai pu avoir honte de certains candidats et de leurs écrits.

Comment le chasseur de têtes peut-il vous mettre en situation émotionnelle ?

La situation émotionnelle est celle que vous redoutez, parce qu'elle risque, malgré vous, de vous déstabiliser même si vous vous êtes bien préparé à l'entretien. Le consultant peut dans cette situation mesurer votre résistance aux émotions et votre capacité à les contourner ou à les utiliser favorablement.

Nous nous trouvons ici dans le plus profond de vous-même et de ce que vous souhaitez parfois occulter.

Les thèmes favoris des situations émotionnelles sont votre image, votre sensibilité, les échecs (professionnels et personnels), les frustrations, les agressions, les réussites, le salaire.

Ces situations peuvent se créer par des provocations de la part du consultant.

- Qu'est-ce qui vous prouve que ce n'est pas votre égocentrisme qui vous a fait agir en la circonstance ?

- J'ai le sentiment que vous n'êtes pas au mieux de votre forme aujourd'hui ? Pourquoi ?

Faire revivre les situations vécues et vous les faire décrire sera très riche d'enseignement, ce n'est pas ce que vous racontez qui est important, c'est la façon dont vous le faites. Vous donnerez alors des indices supplémentaires à votre consultant pour mieux vous connaî-tre, car physiquement vous traduirez vos émotions. Vous replonger dans un état interne désagréable ou agréable est bien connu des adeptes de la PNL* et traduit qui vous êtes profondément.

* Programmation Neuro Linguistique

Y A-T-IL DES QUESTIONS DESTABILISANTES ?

ROLAND CHABRIER

Pdg de H&C Consultants, vice-président du syndicat du conseil en recrutement Syntec

Les candidats sont bavards et ne savent pas être concis !

Quand la réponse à la question tarde, je peux demander après plusieurs minutes quelle était la question d'origine ?

Pour un candidat qui a beaucoup bougé : "Est-ce un manque de chance ou de clairvoyance ?"

Pour éviter les réponses banales, quelques conseils :

- Faites reformuler la question pour vous donner le temps de réfléchir.

- En dehors de ce que vous avez appris lors d'une expérience, parlez de ce que vous avez apporté, exposez votre plus-value.

Indiquez également ce que vous avez apporté de plus à la définition de fonction du départ.

- Un candidat licencié qui est en recherche depuis longtemps se trouve dans une situation délicate, sans être toutefois catastrophique. Dans ce cas, évitez de parler d'une période difficile, des deux mois de vacances que vous avez pris, de l'été et de la reprise de septembre.... On peut poser parfois la question : "Comment avez-vous fait pour vivre ? Évitez la réponse : "J'avais les Assedic...". Positivez votre recherche d'emploi. Indiquez le profit que vous avez tiré, les réflexions sur votre savoir-faire, les contacts que vous avez initialisés...

Plus largement on pose des questions gênantes à celui qui le mérite ! L'arrogant, le bavard ou le faux séducteur qui énerve son interlocuteur a toutes les chances d'avoir des questions difficiles.

Il faut de la psychologie avec son consultant. L'entretien réussi repose sur trois critères simples, et si ces trois critères sont réunis on peut considérer que l'entretien est réussi à 90% :

- le premier, c'est la concision des propos.

- le deuxième, c'est le sourire qui permet d'établir la connivence et un dialogue plus serein, plus transparent.

- le troisième, c'est la pertinence des questions posées et bien préparées.

Face à un candidat qui fait des disgressions dans ses propos, je lui demande d'être plus concis. S'il recommence, je lui demande à nouveau alors pourquoi il n'est toujours pas concis.

Un candidat qui gère bien son entretien peut demander au consultant s'il souhaite une réponse concise ou détaillée. Si le consultant lui dit de faire comme il le souhaite, la bonne réponse est de proposer d'être concis et d'inviter le consultant à poser des questions détaillées sur les points qui l'intéressent.

Un autre point important dans l'évaluation du candidat c'est le changement de société.

.../...

On apprend autant par ce qu'il a fait que par les raisons de sa mobilité professionnelle. Le candidat a intérêt à bien réfléchir à ce qu'il va dire sur ses changements. En tant que consultant, je suis également très sourcilleux sur les dates.

Le sujet abordé en entretien et qui est toujours le plus opaque est celui du candidat qui a été licencié pour incompétence. La tendance naturelle est au camouflage de l'échec et c'est pourquoi les questions sur les changements de postes et les dates précises sont importantes. Les questions sur les points forts et les points faibles peuvent être posées autrement :

– Vous êtes évalué tous les ans par votre hiérarchie…
– En synthèse de votre dernière évaluation : quels sont vos points forts et les axes de progrès ?

Le candidat marque réellement un point, s'il présente son document d'évaluation en totale transparence : il joue une relation gagnant/gagnant.

Autre question difficile qui peut être posée : Vous avez suivi une formation au management parce que c'est une faiblesse chez vous ?...

Faut-il répondre à toutes les questions posées par le recruteur ?

Tout d'abord, le recruteur n'a pas le droit de vous poser des questions qui n'ont pas de rapport avec la mesure de votre adéquation au poste. Mais en dehors de la compétence pure recherchée, la frontière entre l'indiscrétion et le souci de mieux vous connaître est étroite.

Soit vous vous livrez au jeu en vous y étant bien préparé, soit vous demandez habilement au recruteur si la question posée permettra de mesurer votre capacité à occuper l'emploi proposé et en quoi elle est importante.

Ne vous fermez pas, faites celui qui veut comprendre et apprendre, c'est la meilleure tactique dans ce cas. Si vous refusez de répondre, le recruteur aura le sentiment que vous réagissez avec susceptibilité ou agressivité et que la question vous atteint de telle façon qu'elle vous déstabilise. Répondre par l'humour peut être une bonne tactique, car l'humour est toujours apprécié, il permet de prendre de la distance en situation émotionnelle. Mais saurez-vous en faire preuve si vous êtes vraiment "touché" ? Rarement. Vos attitudes physiques comme votre langage vous trahissent en entretien.

MANAGER DE PILOTES DE CIRCUIT
PIERRE DAYNES

Mon rôle en tant que manager de pilotes de circuit est de faire "grandir" des jeunes et de les éduquer pour en faire de bons pilotes, attirer les sponsors et développer les pilotes de la formule Ford à la formule 3 et à la formule 1.

Mes critères de recrutement d'un jeune à potentiel, qui a en moyenne 18 ans (entre 17 et 22 ans) et qui fait du karting, sont des critères sans doute assez différents de ceux d'un jeune cadre, même s'il peut y avoir des similitudes.

Il a tout d'abord une vie saine, car pour tout ce qui le concerne il n'a pas le droit à l'erreur. Je ferais en sorte qu'il sache s'habiller, se tenir à table, qu'il ait la meilleure apparence possible.

Il a un entourage sain, car ses parents doivent faire confiance à l'équipe ; un fils qui a de bonnes relations avec ses parents a un réel atout.

Il en a suffisamment dans la tête, mais il ne s'intéresse pas trop à la technique, sinon il sera plus ingénieur que pilote.

Il a un mauvais caractère, sinon il se fait manger par les autres. Il a de la hargne, un esprit de compétition, qu'il ait envie de "bouffer" son homologue mais il sait aussi se contrôler.

Le meilleur futur pilote a tout dans l'ordre : il réfléchit, il attaque, il est "comme il faut" avec les partenaires, il est capable de se battre en permanence et en plus il a "le coup de volant".

C'est comme un grand chef dans sa cuisine !

LES DIFFÉRENTS TYPES D'ENTRETIENS

Les entretiens individuels successifs ou avec plusieurs interlocuteurs

Au sein d'un cabinet, vous pouvez être amené à rencontrer plusieurs interlocuteurs simultanément ou successivement.

Qui sont vos interlocuteurs ?

On se rend compte assez souvent que le candidat ne sait pas forcément à qui il a affaire. Contacté par le chargé de recherche ou par l'assistante, il croit rencontrer l'un ou l'autre et souvent n'a retenu qu'un seul nom qui n'est pas forcément celui du consultant. La situation téléphonique ne lui a permis de retenir qu'une partie des informations qui lui ont été communiquées.

Demandez avec précision les noms et qualités des personnes que vous rencontrerez. Si vous avez affaire au chargé de recherche, n'hésitez pas à lui demander si vous le rencontrerez ou signalez-vous, en arrivant au cabinet ou après l'entretien avec le consultant, pour le saluer, il appréciera cette rencontre même furtive.

Le consultant appréciera également cette démarche qui est de créer un lien visuel et de contact pas simplement téléphonique avec les personnes.

Et quoiqu'il en soit de la suite, ils seront plusieurs à se souvenir de vous !

Les entretiens individuels peuvent réunir simultanément ou successivement le chargé de recherche, un consultant junior (intervenant dans le cadre de la mission), le consultant senior en charge du client.

Parfois, dès le premier entretien, vous pouvez rencontrer l'entreprise.

Quels sont leurs objectifs ?

Les objectifs de vos différents interlocuteurs seront divers.

- Le chargé de recherche ou consultant junior cherchera, en rentrant dans le détail, à valider la formation, les expériences professionnelles, les compétences en rapport avec le poste. De plus, il pourra également présenter tous les éléments annexes comme le poste, de manière plus superficielle peut-être.

- Le consultant senior, en charge de l'entreprise, cherchera à valider l'ensemble en rapport avec le poste, les souhaits du hiérarchique direct du futur recruté et le style ou la culture de l'entreprise.

Dans le cadre d'entretiens successifs avec ces différents types d'interlocuteurs, le premier entretien avec le chargé de recherche sera plutôt classique, le second avec le consultant sera plus bref, plus incisif sur des points précis, et peut être plus détendu dans la forme.

Il n'y a pas d'ordre dans ces entretiens, le consultant senior peut vous recevoir en premier ou ensuite. La durée de l'entretien variera sans doute en fonction de l'intérêt porté au candidat.

Ne vous formalisez pas sur ces éléments, il est très difficile de présumer de la suite. Mais il se peut aussi que le consultant se prononce immédiatement sur l'intérêt qu'il porte au candidat.

Comment se déroule l'entretien avec l'entreprise au cabinet ?

Pour gagner du temps dans la démarche de recrutement, l'entreprise peut souhaiter faire partie de la série des premiers entretiens. Elle aura tendance alors à rencontrer les candidats présélectionnés et motivés.

L'entretien permettra de décrire l'entreprise et le poste, voire de traiter des points de détails et de prendre des décisions rapidement pour l'organisation du futur rendez-vous dans l'entreprise.

Quel est l'objectif de ces entretiens successifs pour le recruteur ?

- Ils permettent de croiser les informations et de valider des réponses à des points précis. Les incohérences de parcours se mesurent facilement à ce stade et les différents interlocuteurs peuvent communiquer entre eux après chaque entretien sur les questions en suspens afin que le suivant les traite.

- Les doutes comme les motivations concordent en général, le caractère subjectif de l'entretien s'estompe.

- Accessoirement, les entretiens successifs créent une situation stressante et permettent de mesurer la capacité d'adaptation du candidat à des personnalités différentes. Le candidat n'a pas à valoriser le consultant senior en considérant qu'il a plus d'importance.

Les entretiens simultanés avec plusieurs recruteurs permettront de mesurer les critères requis sur les mêmes bases (puisque c'est le même entretien). Les questions seront posées parfois par les deux interlocuteurs, parfois l'un d'entre eux aura le leadership de l'entretien. Dans tous les cas, il est important de s'adresser aux deux.

Ce type d'entretien permet un certain confort au recruteur car il peut observer plus librement le candidat ou écrire tranquillement ses commentaires pendant que l'autre pose ses questions.

Dans quelles situations le chasseur mène-t-il un entretien à deux ?

C'est la plupart du temps le cas du premier entretien concernant un poste précis où l'on associe le chargé de recherche afin, d'une part, qu'il mesure bien en situation ses propres critères, et d'autre part qu'il connaisse encore mieux le poste et le besoin du client en plus de la fiche de poste établie.

De plus, cela permet au chargé de recherche de connaître les questions du candidat et de faire face ensuite par téléphone à celles des autres candidats qu'il chassera.

Il arrive également dans le cadre d'un emploi du temps trop chargé de proposer au chargé de recherche de mener une grande part de l'entretien. Il ne faut pas y voir le souhait d'écarter un candidat que l'on garderait un certain temps en entretien par politesse.

L'entretien de groupe

Il faut bien distinguer l'entretien de groupe, de la réunion d'information ; cette dernière n'est qu'une partie de l'entretien de groupe qui permet de communiquer sur l'entreprise et le poste à pourvoir et n'a pas forcément un objectif de sélection.

Quelles sont les raisons de l'organisation d'un entretien de groupe ?

Ce type d'entretien est réservé, la plupart du temps, au recrutement de jeunes diplômés ou aux recrutements en nombre. Il concerne le plus souvent les cadres intermédiaires et les commerciaux.

Il ne sera pratiqué qu'en cabinet de recrutement et non chez un chasseur de têtes.

L'avantage pour le cabinet de recrutement est de :

▪ pouvoir traiter plusieurs candidatures dans un délai raccourci ;

▪ donner une même information à plusieurs candidats sans avoir à se répéter ;

- organiser une session complète qui intègre différents outils d'évaluation ;

- pouvoir prendre une décision rapidement sur la suite du recrutement ;

- intégrer dans les observateurs un responsable de l'entreprise qui pourra intervenir dans la présentation des postes comme dans la sélection.

D'autres avantages sont induits par l'opération :

- observer les candidats en groupe ;

- créer des situations qui permettront de mesurer leur interaction avec le groupe.

Il y a de nombreux avantages à recruter par ce moyen mais aussi quelques inconvénients :

- l'entretien de groupe nécessite une organisation rigoureuse sur une journée, un espace suffisant, et plusieurs observateurs ;

- il a pour inconvénient le risque de désistement de bons candidats qui ne souhaitent pas, ou ne peuvent pas, s'investir plus d'une demi-journée ou qui n'ont pas envie de se trouver face à des concurrents potentiels ;

- il ne permet pas non plus la confidentialité de la candidature.

Attention, l'entretien de groupe est un mode d'observation extrêmement intéressant pour le recruteur. Il permet d'évaluer le candidat mais aussi de le sélectionner. En sachant ce qui l'attend, le candidat ne peut y être que plus efficace.

Exemple d'organisation d'un entretien de groupe

L'organisation du temps

L'entretien de groupe s'organise sur environ 3/4 de journée. Vous êtes prévenu du temps que vous avez à y investir et des modalités de la séance. La matinée sera consacrée à priori à plusieurs types d'exercices, le début d'après-midi aux entretiens individuels.

Il est possible que plusieurs candidats soient recrutés lors de cette séance, on vous le dira peut-être.

Vous êtes convoqué en début de matinée, et l'on vous propose de remplir un questionnaire de candidature en attendant l'arrivée de l'ensemble des participants. Le risque des entretiens de groupe est qu'il y ait eu des désistements entre la convocation et la venue effective des candidats sans toujours que les organisateurs en soient prévenus.

> Un conseil, si vous ne pouvez ou ne voulez venir, informez votre consultant ; il vous proposera peut-être un entretien individuel.

Le déroulement de la séance

L'ensemble des participants étant présent (en général une dizaine), le consultant présente l'organisation de la séance ; elle démarre ensuite et peut réunir les exercices suivants :

- un tour de table afin que chacun se présente rapidement ;

- la présentation du ou des postes, de l'entreprise et du groupe à l'aide de films ou de transparents ;

- les questions/réponses sur la présentation (les questions des uns servent aux autres), y compris sur des points précis tels que la rémunération. Si manifestement le poste ne vous inté-resse pas, vous êtes invité à partir ;

- le consultant propose à ceux qui restent de faire une synthèse d'une page de ce qu'ils ont compris et retenu du poste et de l'entreprise. À ce stade, la synthèse permettra de mesurer votre écoute, votre compréhension, vos capacités de synthèse et accessoirement votre expression écrite et votre orthographe ! ;

- vous seront ensuite soumises des études de cas pour lesquelles vous disposerez d'un temps de réflexion pour les résoudre. Ces cas peuvent tout à fait concerner des situations typiques du poste, auxquelles vous pourriez vous trouver confronté demain, ou des sujets qui n'ont rien à voir avec l'entreprise.

On vous proposera peut-être de débattre ensemble du cas afin de le résoudre ou de le traiter individuellement et d'assurer en un temps limité la présentation de votre situation devant le groupe.

Cette situation permet de mesurer d'une part la réflexion individuelle, et d'autre part la capacité à présenter le sujet en public. Dans le cas du débat, elle permet de mesurer le leadership en groupe, la capacité de persuasion mais aussi l'écoute et la prise en compte des autres.

A l'issue de ces exercices qui peuvent prendre deux heures environ, on vous proposera peut-être de passer des tests de logique et de personnalité. A partir de là s'échelonneront les entretiens individuels.

Sachez que pendant les exercices de groupe, les observateurs se sont répartis l'évaluation des critères requis pour le poste. Ils croiseront leurs observations à l'issue des exercices et avant l'entretien individuel.

La particularité des entretiens individuels dans ce contexte est qu'ils sont plus courts qu'habituellement et vont porter quasi exclusivement sur votre motivation et sur votre adéquation au poste.

Les consultants s'étant généralement engagés à recevoir en entretien individuel chaque candidat, même si manifestement ils en ont déjà écartés certains, ces entretiens peuvent être parfois très courts. Ce n'est pas forcément bon signe ! A ce stade, si votre candidature est retenue, il est possible que l'on vous propose un entretien dans l'entreprise.

Si l'un des observateurs est un membre de l'entreprise, la décision peut être immédiate et l'on a vu des contrats de travail être signés en fin de journée.

C'est toutefois exceptionnel.

Une dernière question troublante peut vous être posée avant de quitter le groupe :

"Indiquez par écrit, les deux personnes du groupe avec lesquelles vous aimeriez travailler, et celles avec lesquelles vous n'auriez surtout pas envie de travailler".

La question peut sembler surprenante et perverse, néanmoins vous vous êtes déjà fait votre idée ! À ce stade, on remarquera que les leaders naturels sont nommés et rarement les plus visibles ou les plus envahissants qui se font spontanément évincer par le groupe.

La question est intéressante dans le cadre de la constitution d'une équipe.

En fin de séance, il est fortement probable que l'on vous indique la suite donnée à votre candidature, notamment quand elle intéresse le recruteur.

En entretien de groupe :

- Soyez vous-même, naturel, ni plus discret, ni moins discret qu'habituellement. Dans tous les cas, ne cherchez pas à occuper le terrain, ce serait inutile. Ne soyez pas muet non plus !

- Faites preuve d'écoute avant d'intervenir, prenez en compte les consignes qui vous sont données, notez-les.

- La situation est stressante, elle demande le contrôle de soi.

- Considérez-vous dans une réunion de travail.

L'ENTRETIEN DE GROUPE

Evelyne Feldman

Dirigeante de Feldman Conseil

Un entretien de groupe réunit environ une dizaine de personnes et s'organise sur une demi-journée environ. Un ou deux observateurs y seront présents.

Son objectif est de présenter l'entreprise et les postes et de valider l'adéquation du candidat par différentes approches.

Les postes pour lesquels nous l'utilisons habituellement sont liés au commerce, à la distribution, aux achats... des postes de "middle management" qui demandent de la négociation au sens large.

Déroulé

La séance commence par la présentation de la société et des postes, pendant une heure environ, parfois avec la participation d'un des responsables de l'entreprise en charge des ressources humaines ou un opérationnel.

La deuxième phase est interactive tout en étant une phase de testing.

Les candidats se présentent, un débat est suscité sur le métier, par exemple, à partir de la personne qui a le plus d'expérience dans la profession...

L'évaluateur, en parallèle, relève les questions, qualifie le niveau d'expression orale, le style (le commercial, le procédurier qui pose des questions d'horaires...).

La troisième phase est celle des tests adaptés au poste et d'une réflexion écrite sur sa personnalité sous forme d'une auto-description (par un ami, par vous-même, par un critique sévère).

La correction de l'ensemble se fait pendant la passation des tests, les renseignements individuels seront demandés à la fin, lors d'un entretien de quelques minutes pendant lequel les résultats seront restitués rapidement. La décision commune de poursuivre sera alors prise.

L'entretien plus approfondi aura lieu ensuite.

Quels sont les bénéfices de cette approche ?

- Une économie de présentation pour le cabinet comme pour l'entreprise
- Une économie de temps pour le testing
- Une dynamique d'entretien collectif, même bref
- La mesure de la faculté d'expression dans un groupe, que l'on ne peut évaluer que de cette façon.

Les conseils à apporter au candidat

- Qu'il reste naturel et authentique
- Qu'il ose s'exprimer tout en restant à l'écoute
- Qu'il ne monopolise pas le temps de parole
- Qu'il ne cherche pas à se vendre au détriment des autres
- Qu'il prenne la parole quand on la lui laisse.

L'entretien devant un jury

L'entretien devant un jury est un exercice difficile !

Il concerne tout d'abord des recrutements dans les contextes administratifs de nos institutions françaises mais surtout dans le cadre de promotions internes.

On retrouve également l'entretien devant un jury dans le cadre de la sélection à l'entrée aux grandes écoles et lors d'examens et d'admissions de plus en plus nombreux. Il succède le plus souvent à des épreuves écrites d'admissibilité. En fonction des résultats des épreuves écrites, le candidat aura dans le meilleur des cas un entretien devant le jury.

Qui sont les participants au jury ?

- Des membres de l'institution en question.

- Des personnalités extérieures qui peuvent avoir un lien ou non avec le contenu de l'épreuve.

- Le président, en charge d'animer la session, devra faire respecter le temps imparti, donner la parole à l'ensemble des membres du jury et organiser la notation. Il arrive parfois qu'il soit également chargé de donner le premier feed-back aux participants en fin de séance et d'annoncer les résultats avant leur affichage officiel par écrit.

Comment se déroule la séance ?

Les candidats se succèdent devant le jury, à partir d'un tirage au sort qui détermine leur position (c'est le plus souvent un tirage au sort par lettre alphabétique). Le même temps est imparti à chaque candidat et tous les membres du jury *a priori* posent des questions.

Il n'y a pas d'ordre établi aux questions, elles peuvent être plus ou moins importantes, plus ou moins liées aux compétences professionnelles, et de manière générale permettent de mesurer la capacité d'adaptation du candidat à ces différentes situations.

Il arrive de plus en plus que des conseils en recrutement fassent partie de ces jurys.

Une fois que le candidat a participé à son épreuve, on le remercie. Les résultats pouvant être communiqués en fin de séance, on lui demandera alors d'attendre la délibération du jury.

A quels types de question peut-on s'attendre ?

Il peut y avoir des questions :

- sur la motivation pour le poste ;
- sur les compétences techniques mises en oeuvre et celles à développer ;
- sur une situation professionnelle précise et la façon dont le candidat va la résoudre ;
- sur le type de management ;
- sur sa culture générale en rapport ou non avec le métier et/ou le contexte ;
- sur les qualités et les défauts ;
- …

Quelles sont les difficultés ?

Elles ne sont pas très différentes de celles de l'entretien individuel en ce qui concerne les questions.

La difficulté réside dans le contrôle émotionnel de la situation de rencontre face à un jury. Celui-ci est constitué de six à huit personnes *a priori* inconnues du candidat, placées en U ou autour d'une table qui domine la salle. La situation donne le sentiment d'être un peu seul en face de ce groupe ; elle est pour tous ceux qui l'ont vécue assez intimidante.

La deuxième difficulté est de faire face à une profusion de questions pour lesquelles vos interlocuteurs n'attendent pas forcément la fin de votre réponse pour vous en poser une nouvelle.

Réfléchissez, au préalable, aux critères du poste et des qualités qu'il requiert, c'est ce que le jury va tenter d'observer et de valider.

Préparez votre entretien avec plusieurs personnes même séparément en leur demandant de vous poser des questions. Pensez à vos lectures, un dernier film... et ne parlez que de ce que vous connaissez !

Arrivé dans la salle, identifiez vos interlocuteurs en allant éventuellement leur serrer la main, vous créerez le contact. Ensuite, regardez tous vos interlocuteurs quand vous répondez aux questions. N'oubliez pas que celui qui n'en pose pas contribuera de la même façon à la notation.

On peut ne pas répondre à toutes les questions, parce que l'on ne connaît pas forcément la réponse, soyez donc naturel et ne cherchez pas à remplir l'espace absolument.

Si vous êtes particulièrement timide ou mal à l'aise dans ce type de situation : relativisez ! Les exercices écrits ont le plus souvent un coefficient supérieur à l'examen devant le jury et celui qui se croit à l'aise et qui le montre va risquer de se trouver désarçonné par des questions piégeantes : il les aura cherchées !

Pour finir, il n'est pas exclu que vous puissiez poser à votre tour des questions. Réfléchissez-y avant l'entretien; elles auront leur importance.

QUELS CONSEILS DONNERIEZ-VOUS AUX CANDIDATS ?
HYMANE BEN AOUN
Pdg de Diaphane Ressources Humaines

Éviter les situations absurdes

- Le candidat qui ne va pas au rendez-vous dans l'entreprise et qui ne prévient pas.
- Le candidat qui signe plusieurs contrats de travail en même temps.
- Le candidat qui se désiste après avoir signé.
- Le candidat qui n'utilise pas la fonction cachée quand il envoie le même mail à plusieurs interlocuteurs : il peut penser à personnaliser un minimum.
- L'envoi d'un document rempli de fautes d'orthographes quand il y a des correcteurs automatiques.

Avoir les bons reflexes

- Le candidat qui téléphone pour savoir s'il faut envoyer une lettre circonstanciée ou de type mailing.
- Le candidat qui fait attention à son look, y compris un vendredi *casual day*.
- Le candidat qui renvoie une lettre de motivation après entretien chez le client.

CHAPITRE 5

QUELS OUTILS VA UTILISER LE CHASSEUR DE TÊTES POUR MIEUX VOUS CONNAÎTRE ?

Votre entretien est terminé, vous en savez plus sur l'entreprise et le poste, vous avez confirmé votre intérêt pour cette opportunité, votre interviewer souhaite en savoir plus sur vous et mesurer davantage l'adéquation de votre candidature au poste.

Voici l'ensemble des moyens dont il dispose.

Ceux qu'il peut utiliser sans votre concours mais avec votre accord :

- l'analyse graphologique ;
- la prise de références.

Ceux pour lesquels il aura besoin de votre disponibilité :

- les tests ;
- l'*Assessment Center*.

En fonction de l'obligation de moyens dans laquelle s'inscrit sa relation contractuelle avec l'entreprise, le cabinet a un devoir de diligence et une obligation de conseil. Sa responsabilité est de présenter des candidats en adéquation avec le poste et le profil défini, tant sur le plan des compétences techniques que sur celui des qualités personnelles. Il lui revient alors de mettre en œuvre tous les moyens d'investigation auxquels la profession a habituellement recours : études des candidatures, entretiens, prises de références... Il serait en faute s'il n'a pas soumis le candidat à des tests ou analyses particulières faisant partie des moyens habituellement utilisés en tant que moyens d'investigation permettant de déceler, par exemple, l'existence d'un trouble du comportement ou une falsification.

Les moyens que nous allons détailler font donc partie des moyens habituels d'investigation du cabinet pour connaître ses candidats.

L'ANALYSE GRAPHOLOGIQUE

"L'écriture est un moyen de communication susceptible de révéler notre personnalité".

On peut s'interroger aujourd'hui sur l'usage de la graphologie dans le processus de recrutement. En effet, les nouveaux moyens de communication en réponse aux annonces, basés sur l'informatique et le mail, excluent l'approche graphologique de l'analyse de la candidature à ce stade.

En moyenne aujourd'hui, plus d'une candidature sur trois arrive au cabinet par le biais du mail. Dans les secteurs de l'informatique et des nouvelles technologies, c'est presque la totalité des candidatures.

Les entreprises anglo-saxonnes et américaines réfutaient jusqu'à présent totalement la pratique de la graphologie, et seraient sur le point de la pratiquer ! Elle reste une technique bien française, puisque pratiquée dans environ 75% des recrutements, mais on peut toutefois s'interroger sur sa pérennité.

On remarque que de nombreux dirigeants d'entreprises apprécient un courrier manuscrit pour pouvoir aussi mesurer le niveau de culture et se donner une première idée du scripteur en dehors de toute analyse graphologique.

Qui sont les graphologues et comment opèrent-ils ?

Le graphologue n'exerce pas son métier par hasard, il dispose d'une formation en trois ans minimum sanctionnée par un diplôme à laquelle se rajoute une spécialisation en analyse professionnelle pour ceux qui sont amenés à pratiquer leur métier dans le contexte du recrutement.

Les éléments dont le graphologue a besoin pour pratiquer avec efficacité son analyse :

- une lettre originale manuscrite et signée ;

- le CV ;

- la définition du poste et les critères requis.

Par prudence, le chasseur de têtes vérifiera que la lettre qui accompagne le CV a bien été écrite par la même personne.

> *Les chasseurs de têtes ont tous l'expérience de l'analyse graphologique de l'écriture de la femme du candidat !*

Personne n'a avantage à dissimuler son écriture. On vous demandera peut-être de remplir un dossier de candidature au sein du cabinet. Le croisement des deux écritures est l'un des objectifs secondaires de cette demande.

La présence du CV est nécessaire car l'âge, le sexe, la nationalité, la formation, et l'expérience auront leur importance sur l'analyse. L'habitude d'écrire comptera également.

Un autre aspect intéressant de l'analyse graphologique est qu'elle peut être pratiquée sur n'importe quelle langue à partir du moment où l'écriture se lit de haut en bas et de gauche à droite ; ce qui exclut par contre le chinois, le japonais et l'arabe. La compréhension du contenu n'a en effet aucune incidence sur l'analyse.

Les points d'appui de l'analyse graphologique

L'analyse graphologique va porter sur les points suivants de l'écriture :

- la dimension ;

- la forme ;

- l'inclinaison ;

- la pression ;

- la vitesse ;

- l'espace ;

- la signature.

Aucun de ces critères d'analyse ne sera pris seul en considération; les tendances de l'un des critères seront corrélées aux autres pour se confirmer ou se compléter.

On peut retirer les interprétations suivantes des différents aspects de l'écriture, mais il s'agit de grandes tendances qu'il faut prendre avec beaucoup de prudence.

La dimension

Une écriture grande sera plutôt enfantine ou féminine, signe de créativité, d'ambition ou d'orgueil. Une écriture petite est plus fréquente chez les hommes, elle peut être signe de culture, d'intelligence, de concentration mais éventuellement de problèmes psychiques.

La longueur excessive des jambages (sous la ligne de base : p, j, g, q...) signifie des ambitions matérielles et sexuelles mais aussi de la vitalité et un besoin de dépense physique.

La longueur excessive des hampes (tracé au-dessus de la zone médiane : b, l, h, f...) peut signifier des ambitions élevées, éventuellement frustrées, des rêves, de l'orgueil...

La forme

Une écriture ronde traduit l'affectivité ou le besoin d'affection. Elle est plus fréquente chez la femme et la jeune fille et correspond à une tendance à charmer et à séduire.

Une écriture anguleuse (ou les angles prédominent) illustre la virilité intellectuelle, voire une certaine forme d'agressivité. Le mélange des deux présente un certain équilibre. Une écriture en guirlande (où le m à la forme du w) est signe de séduction. Une écriture bâtonnée est signe de matérialisme voire d'agressivité. Une écriture discordante (les lettres n'ont pas les mêmes formes dans le même texte) est plutôt signe de dissimulation, de mensonge, d'instabilité.

Les lettres enroulées signifient également des capacités commerciales mais aussi la dissimulation.

Une écriture monotone, n'est pas signe de régularité de la personnalité. L'absence de régularité dans l'écriture est plutôt négative et souvent signe de problèmes psychologiques profonds et d'angoisses.

L'inclinaison

Lorsqu'il s'agit de la direction des lettres

Les lettres droites sont un signe de pragmatisme, de raison, de réalisme. Les lettres penchées à droite sont un signe d'optimisme, de motivation, d'ambition et de dynamisme. Les lettres penchées à gauche sont un signe d'inhibition, de manque de confiance en soi, de courage. Si la direction des lettres est variable, elle peut révéler une instabilité d'humeur.

Lorsqu'il s'agit de la direction des lignes

Les lignes très droites sont un signe de concentration, d'application, d'opiniâtreté. Les lignes montantes sans excès révèlent l'optimisme.

Les lignes descendantes signifient une tendance à l'angoisse.

Les lignes ondulées s'interprètent comme de la vivacité, de l'adaptation, de la souplesse; à l'excès, il peut s'agir d'instabilité.

La pression

Pour mesurer la pression de l'écriture, il est indispensable d'avoir un original et non une photocopie. Elle s'évalue par le relief de l'écriture à l'envers du papier. Une pression forte est signe de vitalité et d'énergie. Une pression légère et régulière est signe de vivacité d'esprit. Une pression moyenne et régulière est signe d'adaptation et d'équilibre. Une pression excessivement forte ou faible est signe de problèmes psychiques.

La vitesse

Une écriture rapide signifie en général de la vivacité d'esprit et une certaine intelligence. Une grande écriture ou une écriture remplie de fioritures sera plus lente et signe de moindre vivacité, mais aussi éventuellement d'un manque de maturité.

L'espace

Dans le texte

L'intervalle régulier entre les mots est signe d'équilibre. Un large espace est signe d'indépendance. L'absence d'intervalle manifeste le besoin d'être soutenu.

L'intervalle régulier entre les lettres est signe de logique et d'équilibre ; irrégulier, il est signe de sautes d'humeur, de manque de fiabilité. Un intervalle très large est signe de précision mais aussi de manque de maturité.

L'absence d'intervalles entre les lignes est signe d'envahissement mais aussi de manque de maturité. Les intervalles larges sont signes de besoin de liberté ; irréguliers : signe de changement d'humeur ou d'objectif. Les intervalles normaux sont signes d'équilibre.

Sur la page

La prise en compte de l'espace qu'est une page ou un questionnaire à remplir est significatif des particularités de la personnalité.

La marge de gauche est significative de la distance mise entre la personne et son environnement, son absence révèle un manque de maturité ou d'éducation, de l'égocentrisme. La présence de la marge révèle le respect d'autrui.

Lorsque la marge de droite est étroite ou absente, elle est signe d'équilibre. Large, elle exprime la méfiance et la difficulté à s'adapter aux changements.

Une large marge en haut est la marque du respect d'autrui et d'éducation ; si elle est trop large, elle exprime un complexe d'infériorité ; absente, elle est signe de mépris des autres et d'égoïsme.

Une large marge au bas est signe d'équilibre et de respect des convenances, trop large, elle est signe d'inhibition ; absente, elle est signe de spontanéité et de manque de recul.

Dans un formulaire

Il est toujours intéressant d'analyser plusieurs formes d'écritures sur différents supports. La page blanche est la libre expression de soi, alors que le formulaire crée un cadre dans lequel il s'agit de s'intégrer.

Son analyse est intéressante car elle mesure la capacité d'adaptation. Une écriture qui déborde du cadre des questions, ou de la place affectée à sa réponse, est signe d'un besoin de liberté et de marge de manœuvre qui peut parfois dépasser les limites imposées. Le respect du cadre correspond à priori à la capacité à s'adapter.

La signature

L'analyse d'une signature sans texte reste limitée, son intérêt est de la resituer dans son ensemble. Une signature va exprimer les ambitions, les désirs... et le texte, les moyens de les réaliser. Une signature lisible qui correspond aux autres formes d'écrits est sans doute la meilleure et signifie équilibre entre les aspirations et sa capacité à les réaliser.

Une signature plus grande que le texte signifie vanité et orgueil mais aussi risque de frustration et complexe d'infériorité. Une signature plus petite que le texte signifie une tendance au manque de confiance en soi, à la marginalité, de la peur et des angoisses. Une signature collée au texte signifie un besoin de protection et un manque d'autonomie. Une signature très éloignée du texte signifie indépendance mais aussi isolement ou indifférence à autrui. Une signature à gauche ou au centre du texte signifie prudence voire pessimisme.

QUELS CONSEILS DONNERIEZ-VOUS EN TANT QUE GRAPHOLOGUE ?

JULIETTE DE DIETRICH

Graphologue diplômée

Une présentation claire, simple et sobre d'un courrier de candidature ne peut qu'influencer favorablement le lecteur et le graphologue.

Il est souhaitable également de ne pas essayer de modifier son écriture car les résultats vont le plus souvent à l'encontre des attentes du scripteur.

De nombreux ouvrages donnent des indications sur les marges, les lignes et la signature. On peut s'y référer en tenant compte du fait qu'il vaut mieux la plupart du temps jouer la carte de l'authenticité.

Il est à noter qu'une signature illisible ne signifie pas toujours dissimulation. Elle peut indiquer la simplification (notamment chez des personnes qui signent beaucoup) ou un geste symbolique traduisant les aspirations inconscientes du scripteur.

La malhonnêteté est-elle perceptible dans l'écriture ?

A priori non, alors que le mensonge et la dissimulation le sont.

.../...

Cependant une écriture trop claire, trop construite, peut poser des problèmes et amener le graphologue à se poser des questions.

Dans tous les cas de figure, ce qui est de l'ordre du "trop" et de l'excessif dans l'écriture induit le manque de naturel, d'authenticité, de clarté voire d'équilibre. Le "pas assez" est également significatif. Toutes les personnalités faibles et influençables (écriture peu structurée, labile et changeante) n'ont pas beaucoup de surmoi (sens du devoir) et peuvent par

conséquent dans certaines conditions "passer à l'acte".

L'alcoolisme est-il décelable dans l'écriture ?

Ce n'est qu'au bout d'un certain nombre d'années que le graphisme traduit l'alcoolisme du scripteur, car il faut que le système nerveux, et par extension le centre de l'écriture soit atteint. L'écriture prend alors un aspect tremblé, cabossé et sale qui attire l'attention. Il faut signaler que certaines maladies nerveuses ont le même effet sur l'écriture.

LA PRISE DE RÉFÉRENCES

Comme il est précisé dans la partie concernant les droits et obligations (voir chapitre 10), le cabinet ne peut prendre de références qu'auprès de personnes pour lesquelles vous aurez donné votre accord.

Préparez une liste de références qui pourra correspondre au besoin de votre recruteur.

Les cibles privilégiées sont un ou deux anciens employeurs, éventuellement un collègue, un collaborateur, un client, la direction des ressources humaines.

La préférence va aisément vers l'ancien patron puisque les références seront communiquées au futur patron et qu'il est important de connaître le mode de management du candidat.

Les références morales, par exemple les Présidents d'association ou les personnalités politiques ou économiques locales... ont souvent moins d'intérêt.

Dites-vous une chose, le temps de votre recruteur est compté, il cherchera à optimiser le temps passé dans cette opération. Il ira immédiatement à la cible qui pourra lui donner un maximum d'informations.

Faites en sorte que votre référence soit relativement récente, car tout évolue. S'il s'agit d'une référence d'il y a dix ans, vous avez sans doute changé depuis et les environnements que vous avez traversés aussi.

Que faire quand vous êtes en poste et que votre patron n'est pas au courant de votre recherche ?

Pensez à un ancien patron qui aurait quitté l'entreprise ou à un ancien collègue... Il n'y a pas de difficulté à rappeler ou à communiquer ultérieurement au recruteur les références adéquates après les avoir prévenues.

Habituellement, il vous demandera deux références afin de compléter et croiser les avis.

Avez-vous une idée précise de l'impact du témoignage de vos références sur votre recrutement ?

C'est en fin de parcours habituellement que sont prises les références. Le recruteur ne peut se permettre de le faire pour tous les candidats dans la première phase du recrutement.

☞ *Dans un cas où il y avait peu de candidats pour un poste, l'entreprise m'avait demandé de prendre des références sur un candidat qui pouvait présenter le profil mais sur lequel mon client avait de sérieux doutes. Même de bonnes références n'ont rien changé à son idée d'origine et il n'a pas recruté le candidat.*

Pour le recruteur, il est important de laisser à l'entreprise la liberté de se faire sa propre idée du candidat. Ce n'est que lorsque le feeling est favorable qu'il sera bon d'entamer les études complémentaires.

La question est de savoir si les résultats de la prise de références changeront réellement l'avis du recruteur final. Par expérience, j'ai compris qu'un patron qui a fait le choix d'un collaborateur admettra difficilement des avis parasites contraires au sien.

Cependant, il les écoutera et pourra en tenir compte dans son management. Il arrive que des clients ressortent des mois, voire des années après des analyses complémentaires de candidats en avouant qu'elles correspondaient à la réalité de ce qui était apparu par la suite.

La prise de références peut donc, selon les contextes, influer sur le choix final. Dans tous les cas, elle est un élément complémentaire au dossier qui pourra être un mode d'emploi de management. Le témoignage d'un ancien patron qui donne les clés du succès d'un collaborateur est extrêmement précieux.

Il n'est pas rare par exemple, quand la connivence et la confiance se sont créées avec le recruteur, que l'ancien employeur dise "Donnez-lui une belle voiture et un titre valorisant, et il sera bien dans son poste...". Ce qui peut sembler une clé, tout en témoignant d'un point faible du candidat, est à replacer dans son contexte.

Il est important pour le recruteur à ce stade de faire preuve de finesse dans l'interview menée.

Rien n'est plus difficile qu'une bonne prise de références. Elle se passera la plupart du temps par téléphone de façon impromptue pour l'ancien employeur. Embarrassé au début, il livrera petit à petit les éléments essentiels dont a besoin le recruteur. Il n'hésitera pas non plus à relativiser son avis en fonction de lui-même et de ses propres critères d'appréciation.

Le gros avantage de la prise de références est qu'elle intervient à l'issue de la relation candidat/ancien employeur. Ce qui permet de prendre de la distance quand les relations ont été difficiles sur la fin. L'ancien patron n'oubliera pas alors de positiver ce qui a besoin de l'être. Le recruteur fera également, pendant cet entretien, la part des choses entre ce qui relève de l'affect et ce qui relève d'un jugement objectif.

L'intérêt de porter l'attention de son interlocuteur sur les réalisations de son ex-collaborateur permet aussi d'avoir des éléments tangibles et objectifs. Le faire parler de périodes difficiles que le candidat a pu évoquer en entretien est intéressant.

Il ne faut pas oublier que la prise de références permet par la même occasion de faire préciser les dates de présence du candidat dans l'entreprise comme la fonction occupée. Ce qui permet de valider l'information donnée en entretien.

LA PRISE DE REFERENCES
ROLAND CHABRIER

Pdg de H&C Consultants, vice-président du syndicat du conseil en recrutement Syntec

Par rapport aux références professionnelles, le conseil simple mais parfois peu suivi à donner au candidat est qu'il vérifie bien que les informations données par son contact seront positives.

Dans tous les cas, si le contrôle de références est négatif alors que l'on avait déjà des doutes, on ne prendra pas le risque d'aller au-delà.

Toutefois un mauvais contrôle ne génère pas systématiquement une mauvaise opinion. Il y a des entreprises où il ne fait pas bon de travailler...

LES TESTS

Rappel historique

C'est en 1890 que le psychologue américain McK Cattel utilisa le premier le terme de test pour désigner une série d'épreuves psychologiques permettant de mesurer les différences individuelles entre étudiants. C'est aussi dans un contexte de différenciation de réussite scolaire que le psychologue français Alfred Binet a construit le premier test mental pratique qui fut ensuite développé aux Etats Unis. L'armée américaine mit au point progressivement une série de tests pour recruter et faire progresser ses cadres.

Bien que les Français aient été pionniers dans cette approche, ce sont surtout les Américains qui ont été les principaux concepteurs de tests notamment à l'usage des entreprises. Les tests utilisés sur le marché sont en majorité des adaptations de tests américains.

Leur utilisation est devenue occasionnelle en entreprise et plus systématique au sein des cabinets de recrutement. Même si le test est conçu pour répondre à une question précise, il permet aussi de dresser un portrait général de la personne. L'objectif est donc d'utiliser les tests pour comparer une personne à un profil défini et/ou à d'autres candidats.

L'utilisation des tests est réservée aux professionnels qui ont été formés à leur usage comme à leur interprétation et qui respectent la déontologie de la profession.

On appelle tests, les techniques d'évaluation qui remplissent les critères suivants :

- la fidélité : lorsque le test fournit des informations constantes ;
- la sensibilité : lorsque le test a un rôle discriminant ;

■ la validité : lorsque le test mesure ce qu'il est censé mesurer.

Pour répondre à ces critères, les tests auront été pratiqués sur des populations importantes permettant ainsi de les mesurer et de les étalonner.

Classification des différents tests

Il y a deux types de tests :

■ les test d'efficience qui mesurent l'aptitude, l'intelligence, et la connaissance ;

■ les tests de personnalité qui sont des questionnaires ou des inventaires de personnalité et des épreuves projectives.

Les tests d'efficience

Les tests d'aptitude ou d'efficacité

Il est indispensable pour certains emplois de discerner, au moment du recrutement, les aptitudes des candidats au regard d'une tâche donnée.

☞ *Exemples : la vision des couleurs pour des conducteurs de trains ou d'autobus, la dextérité manuelle...*

En secrétariat, le test le plus communément utilisé est le BUR, qui permet de mesurer l'aptitude à la fonction sous différents aspects : orthographe, organisation, calcul...

Les tests de fonctionnement intellectuel

Ces tests permettent de mesurer le niveau global ou la forme de l'intelligence.

Le niveau global fait apparaître la notion de QI (quotient intellectuel) et permet un classement général avec une moyenne située à 100.

Les tests qui permettent de mesurer la forme d'intelligence concernent des facteurs comme l'analyse, la synthèse mais aussi l'intelligence spatiale pour des métiers qui la requièrent.

Ce sont en général des épreuves mentales qui nécessitent la manipulation de mots ou de nombres et la résolution de plusieurs exercices en temps limité.

☞ *Exemples :*

— Le D48 et le D70 (dits tests des dominos). Ils permettent de mesurer l'intelligence, l'esprit logique et la rationalité de la pensée.

— Le test de raisonnement. Grâce à la diversité de ses exercices, il mesure non seulement le niveau de l'intelligence mais aussi sa souplesse d'adaptation dans des contextes différents.

— Le BV 16 et le BV 50 de Bonnardel (dits tests des phrases) mesurent la compréhension et l'esprit de synthèse.

— Le Matrix 38 (qui permet d'établir les relations entre des figures sans signification, développe un système de raisonnement qui permet de découvrir la figure générale).

— Le MGM de PIRE qui, à l'aide de cartes à jouer par des suites logiques à compléter, permet de mesurer l'intelligence, la logique, la rationalité de la pensée.

Les tests de connaissance

Ces tests permettent d'évaluer les connaissances des candidats dans un domaine précis.

Ils s'apparentent à des examens scolaires.

Ce peut être un test de calcul numérique comme un test de mesure de connaissances comptables, informatiques ou autre.

Dans ce domaine, on sait ou l'on ne sait pas, il est difficile de répondre au hasard car la réponse demandée doit être précise.

Les tests de personnalité

Les tests de personnalité permettent à l'individu de se projeter dans une situation où ses réactions sont considérées comme révélatrices de sa personnalité.

Il en existe de deux catégories.

Les questionnaires et inventaires de personnalité

Les questionnaires révèlent les motivations et désirs que le sujet exprime de façon consciente. Ces tests font référence à des préférences ou à la façon d'agir et de se comporter en diverses occasions. Le candidat a le choix entre plusieurs réponses soit oui ou non, soit a un choix à faire entre deux réponses opposées. Fréquemment, la réponse "?" ou "je ne sais pas" figure dans les options possibles. Il n'y a bien sûr ni bonne, ni mauvaise réponse.

Contrairement aux tests d'intelligence, la durée n'est pas limitée, elle sera seulement observée.

Les tests les plus couramment pratiqués sont :

- Le 16 PF de Catell, qui permet de connaître la structure de la personnalité à partir de seize dimensions. Il permet aussi de mesurer le coefficient de désirabilité sociale (envie de donner une bonne image de soi) et de son influence dans les résultats du test.

- Le SOSIE, qui permet de mesurer la personnalité et les motivations à travers quatre axes : les dimensions personnelles, le travail, les échanges et les aspirations. Il permet de mettre en évidence le style de comportement à travers :
  stabilité et structure, pouvoir et activité, ouverture et contrôle, désintéressement et conviction.

Il se pratique à l'aide d'un boîtier de réponse qui permet un traitement informatique rapide.

- Le GZ Guilford Zimmerman dit test des 300 questions. Il permet d'établir un profil de la personnalité à partir de dix traits fondamentaux que sont :

  activité générale, contrainte, ascendance, sociabilité, stabilité émotionnelle, objectivité, bienveillance, tendance à la réflexion, relations personnelles, masculinité.

- Le PAPI, qui est davantage un outil d'aide à l'entretien qu'un test, permet comme ceux qui viennent d'être cités de mesurer plusieurs aspects de la personnalité.

- L'EAE l'échelle d'auto estimation qui permet très rapidement (en dix minutes) de mesurer neuf traits de comportement. C'est un bon outil préparatoire à l'entretien. Il consiste à choisir entre deux adjectifs qualificatifs celui qui correspond le plus au sujet.

- L'IPV Inventaire de personnalité des vendeurs.

Il permet d'estimer la réussite et les dispositions générales à la vente à travers neuf traits de personnalité correspondant aux dimensions générales de réceptivité (compréhension, adaptabilité, contrôle de soi, sociabilité, tolérance à la frustration) et d'agressivité (combativité, dominance, activité, assurance).

Il permet de détecter le vendeur "chasseur", à travers le critère de l'agressivité, comparativement à "l'éleveur", par le critère réceptivité.

Les épreuves projectives

Les techniques projectives sont une méthode d'étude de la personnalité qui confronte le sujet à une situation à laquelle il réagit suivant le sens que cette situation a pour lui.

La consigne de ces tests est "d'imaginer à partir du voir" déclenchant des conduites perceptives et projectives. Le sujet va se trouver confronté aux exigences de pressions externes et internes, il va, par ses réactions : le verbal, une construction, un dessin, montrer comment il s'organise pour faire face à la fois à son monde intérieur et à son environnement.

La validité des techniques projectives est fortement discutée et il faut préciser que ces techniques ont été construites pour diagnostiquer les maladies mentales et non pour évaluer les qualités personnelles dans le cadre de la sélection professionnelle.

Ce test n'étant pas en rapport avec l'objectif poursuivi qui est de mesurer l'adéquation à un poste, vous pouvez refuser ce type d'épreuves en situation de sélection.

Exemples :

– Le test de Rorschach (test des taches d'encre) mesure la personnalité profonde et les troubles mentaux. Les réponses sont analysées selon qu'elles portent sur l'ensemble ou sur une partie des tâches, qu'elles sont déterminées par leur forme, leur texture, leur mouvement, leur couleur et leur contenu.

– Le TAT (test des images) évalue la personnalité profonde et l'adaptation à la société. Le test est constitué de vingt planches à dessin qui représentent chacune une scène que le sujet doit interpréter en racontant une histoire.

– Le test du village mesure la personnalité profonde, la hiérarchie des valeurs et les attaches. Le sujet construit un village.

– Le test de l'arbre mesure la personnalité et le développement affectif. Le sujet dessine un arbre.

Votre attitude vis-à-vis des tests

Tout d'abord, connaissez vos droits

La loi du 31 décembre 1992 protège le salarié de techniques de recrutement irrationnelles et indiscrètes. Elle institue la protection du candidat à l'emploi et le principe de transparence.

Vous devez bénéficier d'une information préalable sur les méthodes de recrutement et d'évaluation qui seront utilisées et vous avez le droit à la connaissance orale des résultats des tests comme des autres outils d'investigation.

La participation à un test doit rester un acte volontaire, néanmoins la pression de la situation de sélection vous donne peu de marge de manœuvre pour refuser.

Rares sont les candidats en situation de sélection qui apprécient de se soumettre à ces exercices dont ils mesurent difficilement l'impact par rapport aux critères du poste.

Néanmoins, sachez que le test permet une évaluation objective où la relation avec le recruteur n'entre pas en ligne de compte.

Une première impression concernant un candidat peut être contrebalancée par les résultats du test et supprimer ou atténuer la subjectivité de jugement.

« Connais-toi toi-même »

Le fait que de nombreux tests se sont répandus en entreprise, notamment dans des contextes de management d'équipe, a permis à bon nombre de candidats potentiels de s'évaluer. Être conscient des types de tests auxquels on peut être confronté demain, en connaître les résultats, permet de se soumettre à cet exercice en relativisant.

Faut-il s'entraîner à passer des tests ?

L'intérêt de s'entraîner est de ne pas se trouver désarçonné en situation. Si cela vous permet de vous sentir plus à l'aise, pourquoi pas ?

Cela dit, autant il peut être intéressant de le faire pour des tests d'intelligence et des suites logiques à compléter, autant c'est sans intérêt pour des tests de personnalité ou il n'y a ni bonne ni mauvaise réponse. Pire, l'orientation de vos réponses peut avoir un effet dissonant sur les résultats et apporter de l'incohérence face aux autres moyens d'investigation.

Le recruteur sait qu'en situation de recrutement, contrairement à une situation de bilan personnel, le candidat a tendance à vouloir donner de lui une bonne image et à orienter ses réponses : n'en rajoutez pas!

On remarque rapidement un candidat habitué aux tests, il gagne souvent en rapidité ; cela dit on ne peut connaître et apprendre tous les tests de la planète.

De nombreux ouvrages ont été écrits sur ce sujet, leur avantage est de vous aider à vous déstresser face à cette situation.

Utilisez aussi ce moment pour établir avec votre recruteur une relation privilégiée dont vous pourrez tirer bénéfice.

Relativisez les tests

La question fondamentale est de mesurer l'importance qui sera accordée aux tests face à d'autres éléments d'investigation ou objectifs: l'expérience en adéquation avec le poste, la compétence, la pratique de la langue recherchée, la mobilité pour aller s'installer dans la région concernée......

Autant de critères qui relativisent les tests... Ce n'est qu'un élément parmi d'autres qui permet d'apporter un éclairage sur certains critères et peut-être de vous sélectionner mais surtout de vous connaître pour savoir vous manager demain et vous apporter la réponse à vos critères de succès.

Autant ne pas se tromper de part et d'autre et s'assurer de la bonne adéquation à un style d'entreprise, à un futur patron qui a aussi son tempérament et s'entendra davantage avec certains types de collaborateurs...

L'USAGE ACTUEL DES TESTS DANS LES CABINETS
FRANÇOISE DISSAUX DOUTRIAUX
Psychologue, spécialiste des outils d'évaluation et particulièrement des tests
Directeur du cabinet K Personna

Après un usage des tests en baisse dans les années 70/80 (période post-soixante-huitarde ou l'on n'évaluait pas) et dans les années 80/90 parce que l'on manquait de candidats ; c'est depuis une dizaine d'années que les entreprises ont pris conscience de leurs erreurs de recrutement au feeling et que la question de professionnaliser le recrutement s'est posée. Avec la crise des années 90, le problème n'a fait que s'accentuer. La difficulté de licencier oblige à ne pas se tromper dans ses recrutements ; l'augmentation du nombre de candidats pour un même poste et la plus grande facilité à opérer une sélection ont développé l'utilisation des tests.

Les deux grands éditeurs de tests ont vu leurs chiffres d'affaires croître considérablement pour les tests délivrés aux entreprises et aux cabinets. Sont arrivés aussi malheureusement sur le marché des tests en tous genres.

Les chasseurs de têtes utilisent-ils les tests ?

L'usage actuel des tests se fait majoritairement au sein des cabinets de recrutement qui traitent des missions de "middle management" plus que chez les chasseurs de têtes qui traitent le top management.

Quand on sollicite un dirigeant ou un cadre supérieur qui peut manquer de disponibilité, il est plus difficile d'utiliser des tests.

Les entreprises s'en sont rendu compte et elles utilisent le chasseur de têtes pour trouver la compétence et font évaluer assez souvent les candidats finalistes par un cabinet spécialisé, après la rencontre avec l'entreprise.

D'ailleurs à ce stade du recrutement, l'objectif est double, il s'agit d'évaluer le candidat mais aussi de l'aider dans son intégration.

.../...

Quelle est l'attitude du candidat dans ce contexte ?

Il n'est pas toujours content quand il arrive dans mon bureau. Il l'est en repartant car il a pris le temps de faire le point. Il se rend compte que cela lui apporte beaucoup et il devient en général notre meilleur prescripteur pour ce type d'approche.

Quels sont les tests les plus utilisés ?

Deux grands types de tests sont utilisés :
- Ceux qui mesurent les aptitudes et le fonctionnement intellectuels dans le management.
- Ceux qui mesurent la personnalité et la motivation.

Ceux qui mesurent les aptitudes intellectuelles et le fonctionnement intellectuel sont utilisés notamment auprès des personnes qui ont un niveau d'études peu élevé. Ou, à haut niveau pour évaluer le mode de fonctionnement intellectuel, la pensée critique... ou alors pour mesurer des aptitudes particulières telle que la créativité (test de créativité de Torrance en partie), la rigueur...

Les tests qui évaluent la personnalité et la motivation sont très utilisés.

Ce sont des tests qui peuvent être utilisés par des spécialistes de ressources humaines, tels que le SOSIE, le PAPI (même si c'est plutôt une aide à l'entretien), le PPE (SHL) ou OPQ, Performanse, D5D...

Ensuite ce sont les tests utilisés uniquement par les psychologues tel que le 16 PF, le GZ, le CPI, l'IPV (pour les vendeurs).

Vous arrive-t-il de recruter sans tests ?

Oui, je recrute sans tests pour des chasses à haut niveau ! En revanche, je connais bien l'utilité du test, c'est un outil qui permet de gérer la subjectivité de l'évaluation et rend l'entretien plus exhaustif.

Ce n'est pas plus que cela.

Il permet de comparer l'intuition au résultat du test, c'est un outil d'aide à la décision qui permet d'aller là où l'on n'irait pas forcément en entretien.

A qui les tests sont-ils favorables ?

Les tests sont favorables en général aux introvertis, à ceux qui ont des difficultés à parler d'eux. Ils peuvent être moins favorables aux commerciaux, aux "tchacheurs", à ceux qui savent se mettre en valeur en apparence.

Quels sont les critères les plus évalués par les tests ?

Les principaux critères évalués par les tests sont :
- le dynamisme/l'énergie
- la circonspection/le recul
- la sociabilité
- le contrôle des émotions/la stabilité émotionnelle
- la combativité/l'ascendance/l'impact sur les autres
- la fiabilité dans la tâche/la flexibilité/ la souplesse
- les relations aux autres/la tolérance/la critique.

.../...

Quels sont les critères évalués qui sont le plus souvent demandés par les entreprises ?

Le tonus, la combativité, la capacité de travail, le contact, les relations.

Et les moins demandés ?

Ceux qui relèvent des affects, du contrôle des émotions, de la stabilité émotionnelle... alors que ce sont ces aspects qui sont le plus souvent source de problèmes dans l'entreprise, ce dont les psychologues sont conscients.

Quels conseils donner aux candidats face aux tests ?

S'il est légitime de donner une bonne image de soi en situation de recrutement, il faut pour autant se montrer authentique.

Le décalage entre les résultats du test et l'entretien est rarement en faveur du candidat, car on va s'interroger sur son authenticité, et sur l'homogénéité de son comportement.

Il ne faut pas s'illusionner sur les livres d'exercices initiatiques aux tests.

Leur intérêt est réel quand on n'est pas habitué à passer des tests de logique qui demandent un temps minuté. Autant savoir à quoi s'attendre et s'entraîner pour surmonter le choc de la première fois.

Pour ce qui concerne les tests de personnalité, il faut y aller franco !

Il faut se préparer à être en forme physique et psychologique pour passer des tests, vérifier son temps de trajet et ne pas se mettre une inutile pression supplémentaire.

Il faut demander les résultats oraux des tests, c'est l'une des obligations du cabinet. Si les résultats sont communiqués en entretien, il faut poser des questions, être pertinent, réagir, ne pas se laisser mener par les résultats !

Face aux résultats, il ne faut pas être d'accord avec ce qui est positif et contre ce qui est négatif. Il ne faut pas oublier que la restitution des tests est une prolongation de l'entretien et qu'elle reste une occasion d'observation très pertinente.

Il faut utiliser le cabinet comme un partenaire, s'informer de la suite de la candidature dans l'entreprise, des dates de rendez-vous, du feed-back...

D'autres conseils aux candidats ?

Il faut briefer sa famille sur sa recherche d'emploi, s'assurer que le message du répondeur est en adéquation avec une situation professionnelle.

Le conjoint du candidat aura son impact sur le recruteur dans sa façon de répondre et de contribuer à la recherche de son mari ou de sa femme.

Certaines femmes peuvent être d'excellentes "Public Relations" alors que d'autres ont totalement l'effet inverse.

L'*ASSESSMENT CENTER*

A quoi sert un Assessment Center, par rapport aux autres outils ?

L'*Assessment Center* est une méthodologie d'évaluation du comportement basée sur une simulation de poste et l'observation du comportement des participants dans la mise en situation. Plus qu'une étude de cas, il s'agit d'un bilan connu aussi sous le nom de bilan comportemental.

Il permet d'observer le comportement et de mesurer la compétence du participant dans une situation donnée.

Le comportement observé permet d'établir ainsi un pronostic de réussite dans le poste comme de détecter les besoins en formation ou en management afin de faciliter la réussite du participant.

L'*Assessment Center* est un outil de gestion des ressources humaines très efficace qui peut être utilisé en recrutement comme dans des contextes d'évaluation et d'évolution internes aux entreprises.

Certains ont pu le qualifier de période d'essai raccourcie parce qu'il permet en un minimum de temps d'observer les réflexes du participant et d'élaborer un pronostic fiable.

Le bilan comportemental a vu son intérêt se développer au-delà des tests classiques car détecter un niveau ou des capacités intellectuelles, voire les tendances de la personnalité ne permet pas toujours d'évaluer leur usage en situation.

L'*Assessment Center* permet de mesurer comment le participant agira en situation et utilisera ses capacités d'analyse, d'action, d'organisation, relationnelles, commerciales... en rapport avec les compétences requises pour le poste.

C'est un outil pragmatique qui permet de faire un pronostic pour une durée limitée. En effet, les situations auxquelles nous sommes confrontés dans une vie professionnelle font évoluer nos comportements et se développer nos compétences.

Contrairement aux tests, la mise en situation a l'avantage pour le participant, de faire le lien entre l'outil et ce qu'il vivra plus tard dans son poste. C'est une expression concrète de son activité professionnelle.

C'est aussi un excellent outil pédagogique, lors de la restitution des résultats, car il permet de faire référence à des situations précises et à la façon dont elles ont été traitées ou auraient pu l'être.

☞ *La pratique que nous avons des Assessment Centers, nous a permis d'utiliser cet outil sur des populations représentatives en nombre et de rapprocher les résultats des tests et des évaluations annuelles des collaborateurs par leur hiérarchie. La corrélation entre la réalité vécue dans le poste occupé et le résultat de l'Assessment Center a montré une fiabilité de l'outil de l'ordre de 95%.*

Pour les 5% restants, la capacité intellectuelle à trouver le comportement adéquat et à résoudre les cas ne s'est pas manifestée dans l'action en situation réelle.

Nous avons pu remarquer cette tendance chez des participants ayant par ailleurs un excellent niveau d'intelligence. Mis en situation réelle, l'idée de le faire est présente mais ne se réalise pas.

C'est pourquoi, le support de tests psychologiques peut être réellement utile dans la compréhension de la personnalité, en complément de ce type d'outils.

Les fonctions qui feront le plus souvent l'objet de mise en situation sont celles de management et de relations commerciales, essentiellement pour des fonctions de direction de centre de profits et notamment quand le futur titulaire du poste sera managé à distance. Tout l'intérêt ici pour l'entreprise est de mesurer au préalable l'autonomie et l'accompagnement qu'elle donnera au collaborateur dans son poste comme sa capacité à l'occuper avec toutes les chances de succès.

La construction d'un Assessment Center

Si vous avez l'occasion et la chance de rentrer dans une démarche d'*Assessment Center*, vous n'aurez, comme d'un iceberg, qu'une visibilité partielle des outils.

En effet, un *Assessment Center* ne se monte pas en imaginant quelques cas proches de la réalité qui vont se traduire par des situations auxquelles vous aurez à faire face.

Il répond à une construction très minutieuse qui mérite d'être précisée.

Il débute par une analyse de poste très complète qui à l'aide de la répartition du temps, des évènements typiques et atypiques et de l'interdépendance avec l'ensemble des acteurs de l'entreprise sur le plan relationnel, va permettre de définir les dimensions ou compétences du poste. La définition de ces dimensions et leur importance dans la mission seront déterminées.

Seront ensuite créés les cas servant de stimuli aux comportements qui mettront en évidence la compétence recherchée; les cas correspondent à la réalité du poste que ce soit à travers des clients, des collaborateurs, des relations hiérarchiques, une organisation, des décisions ou des événements critiques.

Ces cas sont replacés dans un scénario complet d'entreprise avec une situation donnée, une stratégie, un chiffre d'affaires, des points forts et des points faibles commerciaux, une équipe, des échéances... Autant d'informations qu'il va falloir intégrer, trier, analyser...

Une grille d'observation va permettre de décortiquer les comportements observés que ce soit par les réponses écrites ou oralement dans les jeux de rôle et de les rapprocher des comportements attendus dans le poste.

A travers les résultats qui, en général sont chiffrés et très précis, le pronostic de réussite peut s'établir.

Un guide d'observation sera élaboré et destiné aux observateurs qui peuvent être des responsables de l'entreprise, à condition d'avoir été formés.

Les éléments de feed-back seront remis aux participants en entretien individuel à travers un document d'une dizaine de pages, qui apportera toutes les explications souhaitées.

Compte tenu de l'importance de cet outil, qui nécessite un délai de développement et de mise en oeuvre, il est en général signe d'une entreprise évoluée dans sa gestion des ressources humaines, capable d'investir dans la durée.

Comment se déroule un Assessment Center pour le candidat ?

Le temps passé

Vous êtes convié à une séance d'évaluation de type mise en situation, et l'on vous indiquera le temps à y consacrer. Une journée ou, au minimum, une demi-journée de présence sera indispensable.

Les exercices se répartiront le plus souvent entre la résolution d'un cas, que vous pourrez traiter seul en apportant ensuite des informations sur la façon dont vous vous y êtes pris, et des jeux de rôle pour lesquels vous aurez un travail préparatoire préalable.

Il se peut que la séance soit complétée par des tests, un entretien ou des approches complémentaires.

En général, un premier feed-back sera donné à l'issue des exercices, la restitution complète nécessitant un lourd travail de correction pour les observateurs et la rédaction d'un rapport. Il vous sera communiqué quelques semaines plus tard au cours d'un entretien d'au moins une heure trente.

Les exercices

Les exercices auxquels vous serez confronté correspondent à ceux que vous vivez professionnellement : le travail quotidien de traitement des dossiers, une approche de la gestion, des relations clients, le management des collaborateurs à travers un entretien de fixation d'objectifs.....

L'effet de "concentration", voire de situation fictive volontairement aggravée, n'a d'objectif que de mesurer vos réflexes et vos compétences dans une situation volontairement génératrice de stress liée à un délai pour traiter les choses, à un enjeu et, en toile de fond, à une situation d'évaluation et de recrutement.

Chaque exercice fera appel logiquement à une partie des capacités requises et non à toutes bien évidemment. En général, en France, on reconstitue une société fictive qui regroupera l'ensemble des cas à traiter. Aux Etats-Unis, où sont nés les *Assessment Centers*, les sessions s'organisent sur plusieurs jours, jusqu'à une semaine, et recréent une situation encore plus proche de la réalité par la mise à disposition d'un secrétariat, de chefs de services... Cette approche nécessite une lourde organisation et des moyens importants qu'il n'est pas facile de mobiliser rapidement.

En France, ces outils se sont développés au sein des entreprises avec l'organisation de séances dans lesquelles plusieurs participants sont évalués, mais aussi des séances individuelles que l'on retrouvera le plus souvent en cabinet.

Elles permettent de répondre rapidement à une demande ponctuelle. Les observateurs seront alors, comme les autres joueurs de rôles, des consultants du cabinet.

L'exercice "in basket"

L'exercice "in basket" est le plus souvent un exercice individuel. Le participant va être mis dans le rôle du personnage principal du scénario et prend sa fonction au pied levé.

Vous remplacez votre prédécesseur qui est parti en urgence et qui n'est pas joignable, il vous laisse son poste, vous passez au bureau ou dans l'entreprise quelques heures pour traiter la situation. Vous trouvez dans la corbeille à courrier les éléments d'information sur l'entreprise (chiffres, clients, personnel...), le planning et des notes et courriers émanant du groupe, de clients, des équipes, de fournisseurs sur lesquels vous allez devoir prendre des décisions.

Comme on vous le précisera, il n'y a ni bonne ni mauvaise réponse, vous allez rédiger vos actions, vos préconisations... pour assurer leur traitement. Chaque décision peut engendrer plusieurs actions auprès de différents interlocuteurs.

Si la situation se résout uniquement par écrit, on vous précisera que seuls vos écrits pourront faire l'objet d'interprétation. De cette façon, l'outil reste objectif dans son traitement.

Pour un exercice de ce type de deux ou trois heures, une heure minimum sera nécessaire pour prendre connaissance de la situation, le temps restant pour résoudre les mémos.

Le conseil à donner à ceux qui passent un "in basket" est de prendre le temps de tout lire y compris les situations à résoudre. Le tort de certains est de résoudre au fur et à mesure sans vue globale. Celle-ci sera utile quand les mémos ont des liens entre eux ou qu'il y a des problèmes de télescopage de dates dans le planning...

Faites preuve de rigueur : notez et respectez bien les consignes de départ, en général l'écoute est faible à ce moment, cela vous sera utile.

Ecrivez lisiblement. Ordonnez votre information pour la restituer à votre interlocuteur quand vous aurez résolu l'ensemble des situations. Mettez vous à sa place pour lui faciliter la correction. N'hésitez pas à lui redemander ce que vous n'auriez pas bien compris.

Notez le temps que vous passez à chaque chose et accélérez le rythme si vous pensez en manquer. Le respect du temps est important, néanmoins il est préférable d'avoir traité la situation dans sa globalité.

Les jeux de rôle

C'est habituellement le deuxième type d'exercice utilisé en prolongation de la situation de l'"in basket". Vous allez rencontrer un client mécontent, ou un collaborateur ou plusieurs personnes afin d'animer une réunion...

On vous présentera au préalable un scénario dans lequel vous allez vous inscrire et on va vous donner quelques éléments d'historique ou de mise en garde.

Bien évidemment, surgiront dans la situation des imprévus que vous aurez à gérer.

Les critères qui seront alors évalués en situation de management seront ceux de l'animation d'équipe ou de collaborateurs, l'esprit d'équipe, la capacité à fixer des plans d'action... en relation commerciale, les critères de suivi du client, de gestion de la frustration,... Mais aussi la capacité d'écoute, de répartie, de créativité, de reformulation, de persuasion, de synthèse... Autant d'aspects dans lesquels le manager confirmé se sent *a priori* à l'aise pour l'avoir vécu mais qui induisent certains comportements.

Préparez sérieusement votre rôle, ne le bâclez pas en pensant que la situation sera facile à traiter, replacez-vous comme dans la réalité.

Parfois vous serez filmé, oubliez votre observateur et agissez normalement.

Ayez un certain sens de l'humour, rien d'étonnant à ce que la situation vous fasse rire au début... Concentrez vous sur le cas et développez votre écoute ! Il ne s'agit pas de montrer des talents d'acteur mais d'être soi-même sans avoir besoin à tout prix d'occuper le terrain ou d'en faire plus que nécessaire ! L'écoute, la reformulation, la proposition de solutions, le fait de faire appel à d'autres membres de l'équipe sont autant de réflexes attendus. N'oubliez pas que vous êtes en situation normale.

L'ASSESSMENT CENTER
VICTOR ERNOULT
Dirigeant de Ernoult Search Infraplan

Quels sont les conseils que vous donnez au candidat qui se rend à une session d'*Assessment Center* ?

– Qu'il y aille naturellement, sans être stressé.

– Qu'il n'essaie pas de connaître les avis de ceux qui ont vécu la même situation, car à essayer de faire attention au point qu'un autre a perçu comme important, il créera des incohérences dans son comportement.

– Pour se préparer : qu'il se renseigne sur le principe qui est que l'évaluateur va saisir toutes les occasions d'observation. L'essentiel d'un *Assessment Center* touche à la dimension managériale et à l'organisation du travail.

Qu'il réfléchisse au préalable à ses talents habituels pour les utiliser le jour dit et les montrer.

Les dénominateurs communs que cherchent à mesurer les différentes entreprises sont :

– la prise de décision,

– l'analyse de problèmes,

– la délégation,

– le suivi et le contrôle.

Dans cette situation, il est important de montrer le meilleur côté de soi-même et de ne pas se fabriquer un personnage qui ne soit pas le sien.

Il faut entrer dans le jeu sans se focaliser sur le premier incident critique et balayer l'ensemble des données avant de se fixer des priorités.

Les situations seront concrètes, et pour une partie il travaillera seul, puis parfois à deux ou à plusieurs.

...⁄...

Le bénéfice que retire un candidat de cet exercice est très important, il lui donne la grille d'analyse de sa façon de travailler. Le feed-back donné par le consultant est pour cela essentiel. Il est systématique dans le cadre de sessions organisées avec des participants internes à l'entreprise, il ne l'est pas forcément en situation de recrutement; alors demandez-le.

Quel est l'intérêt de l'*Assessment Center* par rapport aux autres outils ?

L'*Assessment Center* est une démarche qui apporte une garantie de plus sur le bon choix. L'entreprise peut le faire à l'aide d'entretiens croisés ou à l'aide de son consultant, mais les plus de la démarche sont :

- Pour le responsable N+1: le mode d'emploi du collaborateur qui permet de mieux le gérer, le motiver, le responsabiliser, le faire évoluer. Et de ne pas s'affoler sur un comportement épidermique ou passager, il permet de relativiser son management.

- Pour le candidat : c'est plus qu'un stage de formation car il permet vraiment de détecter les sources de progrès. On se rend compte que lors des entretiens d'évaluation, les mêmes points sont à faire évoluer et que toutes les formations suivies au fil des ans n'ont pas permis de le faire ; le feed-back de l'*Assessment Center* permet de remonter à la cause et d'être beaucoup plus efficace pour qu'il y ait un réel changement. Un *Assessment Center* vaut bien trois jours de formation par an, même si la démarche peut sembler parfois lourde.

- Pour l'entreprise, la mise en situation permet d'évaluer très vite les dimensions dominantes du poste. C'est l'exemple proche du jeu de rôle qui permet déjà, par exemple, de mesurer au téléphone l'agressivité, la reformulation... quelques critères qui auront une grande importance dans un poste comme celui de conseillère téléphonique chez un grand opérateur de la téléphonie mobile.

CHAPITRE 6

QUELLES ÉTAPES VA FRANCHIR VOTRE DOSSIER ?

LES SÉQUENCES DU RECRUTEMENT ET LA PLANIFICATION DES DIFFÉRENTES ÉTAPES

Le planning global

Afin que vous puissiez vous situer dans le processus du recrutement, il faut rappeler le planning global d'une mission de recherche pour un chasseur de têtes.

Lorsque l'accord de démarrage de la recherche est passé entre l'entreprise et le cabinet, le planning logique est le suivant :

Jour J : accord sur le lancement de la recherche.

Jour J + une semaine : lancement de la recherche soit par la parution des différentes annonces, si ce moyen de recherche est utilisé, soit par la réunion entre le consultant et son chargé de recherche pour définir précisément les cibles à identifier.

J+ 2 semaines : ciblage et identification en cours et réception des premiers CV.

J+ 2 / 3 semaines : approche directe des candidats ciblés et décision de rencontre des candidats sélectionnés sur CV.

J + 3/5 semaines : rencontre des candidats par le consultant (en moyenne entre 10 et 15 par poste).

J + 6/7 semaines : décision de présentation des dossiers au client, montage des dossiers, apport de compléments.

J + 7/8 semaines : prise de connaissance par l'entreprise des dossiers de candidature, puis rencontres des candidats.

J + 8/9 semaines : décision finale de l'entreprise après la synthèse des différentes rencontres, si les entretiens ont pu s'organiser sans difficulté de planning. Complément des prises de références apportées au dossier par le chasseur de têtes.

Il s'agit ici d'un planning estimatif de recherche d'un cadre confirmé.

Pour le recrutement d'un junior ou d'un débutant, le planning se réduira vraisemblablement à 5/6 semaines, pour un cadre dirigeant, il se rallongera aisément d'un mois, compte tenu de l'organisation des rencontres et des disponibilités des uns et des autres et notamment des candidats.

Pour vous situer dans le processus, quand vous aurez rencontré votre chasseur de têtes, il va de manière générale vous indiquer un délai de réponse sur la suite dans les 15 jours, croyant à priori avoir fini la phase d'entretiens dans cette période. Ne soyez guère étonné que cela puisse durer plus longtemps. En effet, les rencontres peuvent se décaler comme les résultats de chasse ou d'annonces peuvent se rallonger.

La rencontre immédiate avec l'entreprise

Le consultant peut vous prévenir, dès l'entretien, d'une rencontre rapide avec l'entreprise et vous demander vos disponibilités.

Ceci ne peut être que bon signe. Vous vous situez peut-être dans ses derniers rendez-vous, vous correspondez au poste et vous présentez les critères requis. N'imaginez pas qu'il va trop vite et qu'il agit de manière précipitée.

La difficulté de cette situation est qu'elle vous oblige également à prendre immédiatement la décision d'aller plus loin sans vous laisser le temps de la réflexion.

Si vous êtes en phase avancée de recherche (ce que votre consultant aura cherché à savoir et qui aura peut-être accéléré le processus), profitez de l'occasion pour assurer un comparatif complet entre les différentes offres qui se présentent à vous. Une occasion comme celle-ci ne se refuse pas.

Le candidat faire-valoir

Dans le pire des cas, votre consultant est en phase de présentation finale de candidats et l'un d'entre eux s'est désisté, vous êtes alors peut-être le bouche-trou de service. Profitez-en pour optimiser le moment. La difficulté majeure c'est qu'en général votre consultant ne vous précisera pas dans quel contexte vous êtes.

Dans tous les cas, il aura besoin d'un candidat jouant le jeu et à priori motivé. Un candidat qui se conduirait en touriste en phase de finalisation ne peut que se dévaloriser.

S'il vous engage dans ce processus, vous correspondez très probablement à un candidat intéressant.

Les 15 jours sont passés

Le délai indiqué par le consultant est passé et vous n'avez pas de nouvelles, que faire ?

Plusieurs options se présentent à vous en fonction de votre situation personnelle et de votre motivation.

L'idéal en recherche d'emploi c'est d'avoir la majorité des offres au même moment pour pouvoir faire un choix avisé. Celui-ci permet de prendre l'opportunité la plus en adéquation avec les critères que l'on s'est fixés.

Le poste vous motive particulièrement et vous allez devoir assez rapidement vous engager plus avant dans le processus de recrutement dans d'autres entreprises : faites le savoir à votre consultant.

Demander au consultant l'état de son dossier est de votre part un signe de motivation et d'autre part une façon de tester la sienne en ce qui vous concerne.

Un consultant tient toujours compte du candidat qui l'intéresse et s'il ne l'a pas déjà appelé (parce que le processus du recrutement a tardé par exemple) il sera sensible à l'appel du candidat et rentrera rapidement en contact avec lui.

LES ÉLÉMENTS ADRESSÉS À L'ENTREPRISE

Le dossier qui sera adressé à l'entreprise afin de proposer votre candidature peut se présenter de différentes façons :
soit le consultant communique le CV que vous lui avez adressé, ainsi éventuellement que le dossier de candidature que vous avez rempli au cabinet et une note de synthèse, soit il rédige un CV à partir de l'entretien mené et propose un document complet précisant en sus les motivations de départ, les responsabilités précises que vous avez exercées...

Quand vous vous retrouvez face à l'entreprise, ne faites pas forcément allusion au CV que vous avez communiqué car il ne s'agit pas forcément du document que votre interlocuteur a en sa possession.

Les éléments d'information communiqués donneront en général un commentaire sur votre présentation et sur votre capacité à communiquer. Ces éléments permettent de se faire une idée de la première impression que vous donnez.

Les études, les différents fonctions occupées, vos réalisations comme vos motivations pour un changement en feront partie ainsi que des éléments de rémunération et de critères précis tels les langues, la mobilité, et des éléments personnels dont on sait qu'ils auront jusqu'au bout un impact fort sur la décision: la vie personnelle, une femme qui travaille ou non disposée à déménager, l'âge des enfants... Et sans doute des aspects de personnalité tirés soit strictement de l'entretien, soit d'une analyse graphologique ou éventuellement d'un test de personnalité, puis d'une conclusion spécifiant l'intérêt à porter au candidat en relation avec ceux qui seront présentés pour le même poste.

QUAND SE MANIFESTER APRÈS L'ENTRETIEN ?

Après le premier entretien

A la fin de l'entretien avec votre consultant, vous allez définir ensemble le planning de l'évolution du recrutement. Il n'est pas indiscret de poser la question du délai et de la suite, vous pouvez avoir d'autres opportunités en cours et devoir prochainement, prendre des décisions. L'idéal serait de pouvoir mener une recherche dans son ensemble en ayant toutes les cartes en main, c'est-à-dire la simultanéïté des postes offerts pour prendre la décision. Sans faire pression sur votre consultant, ce qu'il n'appréciera guère, vous pouvez lui faire part de l'avancement de vos contacts : premiers rendez-vous en cabinet ou troisième rendez-vous dans l'entreprise.

Il est vrai que la plupart du temps, quand un recrutement se déroule normalement, les rendez-vous des candidats s'organisent sur un délai de deux à trois semaines.

Il est préférable d'avoir l'entretien avec le consultant alors qu'il a déjà pu avancer sur la mission. A la limite, il pourra vous dire comment se situe votre dossier par rapport aux autres, ce qu'il ne peut faire en début de processus.

Le consultant dispose de peu de temps pour contacter un candidat. Le processus a pu durer au-delà des quinze jours annoncés sans qu'il vous en ait fait part. Attendez à priori les trois semaines pour relancer votre consultant. Ne le faites d'ailleurs pas forcément par téléphone mais par mail, il pourra vous répondre rapidement de la même façon.

Un coup de téléphone pour prévenir le candidat qu'on va le présenter à l'entreprise est rapide. Celui qui consiste à expliquer au candidat qu'il est en attente est beaucoup plus long et va demander plus de temps au consultant: il l'a rarement.

N'hésitez pas non plus à contacter le chargé de recherche qui suit le dossier et qui logiquement a plus de temps à vous consacrer. N'oublions pas toutefois qu'il ne prend pas la décision et qu'il peut rester évasif car il n'a pas toujours directement le feed-back du client.

> Si vous avez été parmi les premiers candidats que le chasseur de têtes a rencontrés, il est bon dans un délai maximal de trois semaines de le recontacter. Il ne vous aura pas oublié, mais ce coup de fil rafraîchira sa mémoire et réactualisera votre dossier.

Après l'entretien avec l'entreprise

Quand l'entretien avec l'entreprise a eu lieu, il est recommandé de contacter votre recruteur dans les 24h afin de lui rendre compte du contenu et de la forme de cet entretien.

Quel en est l'intérêt ? Ainsi vous confirmez ou non votre motivation, mais surtout vous allez utiliser votre recruteur comme un conseiller sur des points pour lesquels vous avez besoin de retour et d'explications. Il vous donnera également par la même occasion le feed-back de son client s'il l'a eu.

Il appréciera aussi votre capacité d'analyse et votre esprit critique face à une situation délicate. Votre façon de percevoir la situation et d'en parler seront autant d'éléments complémentaires sur votre mode de fonctionnement et votre capacité à communiquer dans des circonstances difficiles.

Vous chargerez également votre recruteur de communiquer votre motivation à son client. En fonction du lien établi avec ce dernier, il est possible que celui-ci vous recontacte en direct pour une nouvelle entrevue.

A ce stade, l'entreprise peut se charger complètement de la suite et de la façon dont elle souhaite opérer avec chaque candidat, y compris de lui répondre négativement (le cabinet s'en chargera dans la majorité des cas).

Dans le cas d'une suite positive, l'entreprise respectera le processus qu'elle aura annoncé en entretien et organisera les prochaines rencontres jusqu'à la finalisation.

Pas de nouvelles, bonnes nouvelles ?

Non, dans le cas présent les bonnes nouvelles arrivent vite.

Vous êtes impatient de la réponse, téléphonez directement à celui que vous avez rencontré dans l'entreprise. S'il est intéressé, il vous le fera savoir rapidement.

La ténacité et la politesse sont très appréciées dans cette phase. Un candidat impatient mais qui ne harcèle pas son interlocuteur a de grandes chances de bien s'intégrer dans l'entreprise.

Lors d'un recrutement, vous êtes en test jusqu'au bout. Tant que le contrat n'est pas signé de part et d'autre, vous êtes observé et votre comportement sera évalué.

☞ *Combien de fois ai-je pu apprécier la ténacité à bon escient d'excellents candidats qui savaient doser avec succès leur motivation comme leur façon de faire ?*

LES CONSEILS AU CANDIDAT MALIN DANS LA PHASE DE SUIVI DE SA CANDIDATURE

FRANÇOIS HUMBLOT

Ex-président du syndicat du conseil en recrutement Syntec, Président du Directoire de Humblot-Grant Alexander

Même s'il n'est pas sujet à flatterie, le recruteur aime bien qu'on lui dise qu'il connaît bien son client : il peut alors en dire plus et faire référence à la collaboration qu'il a établie.

Vous ne devez pas trop en faire, car il ne faut pas lui donner l'impression désagréable qu'il est manipulé. L'inviter à déjeuner est déplacé en phase de sélection, mais par contre utile en phase d'intégration. Il ne faut créer ce type de contact en cours de recrutement que s'il y a de bonnes raisons de le faire, par exemple rediscuter des conditions, trouver ensemble des solutions…

Si votre consultante est une femme, ne créez pas d'ambiguïté.

Si vous appelez votre consultant, il sera plus disponible le soir, la femme souvent moins.

En résumé, sachez rendre compte d'une manière ponctuelle et précise en appelant le lendemain matin du rendez-vous, informez-le précisément de la manière dont cela se passe et de vos réflexions, donnez lui le moyen d'anticiper par rapport à vous et au client, informez-le de vos différents contacts et de l'état d'avancement de vos recherches. Si vous téléphonez sans pouvoir le joindre, laissez le contenu de votre message, cela lui permettra d'agir plus vite. Utilisez également le tandem consultant / chargé de recherche pour faire passer votre information.

CHAPITRE 7

COMMENT VA SE PASSER LA RENCONTRE AVEC L'ENTREPRISE ?

VOTRE CONSULTANT DEVIENT
VOTRE PARTENAIRE

☞ *Comme je le dis fréquemment aux candidats que je présente à l'entreprise qui recrute : "je peux parler de vous à mon client, comme je peux vous parler de mon client mais rien ne remplacera votre rencontre". Elle reste un moment privilégié où tout va se jouer pour la suite.*

Votre chasseur de têtes vous a signalé que votre dossier avait été transmis à l'entreprise et il vous annonce qu'elle souhaite vous rencontrer. Autre cas de figure, l'entreprise vous appelle directement pour organiser le rendez-vous.

Vous allez rencontrer l'entreprise et sans doute votre futur patron.

Dans les deux cas, il est important de contacter son consultant et de préparer cet entretien. Les informations qu'il pourra vous communiquer vous permettront de vous situer par rapport à un ensemble et de savoir comment aborder la situation.

On reconnaît dans cette phase, les anxieux qui veulent tout savoir et ne rien laisser au hasard et ceux qui, la fleur au fusil, se rendent à l'entretien avec une certaine légèreté apparente sans appeler leur consultant.

Sans aller aux extrêmes, il est important de préparer cet entretien comme on préparerait une rencontre avec un client.

Voici les questions que vous devez poser à votre chasseur de têtes :

▪ Qui sera mon interlocuteur ?

▪ Quelles sont ses habitudes de recrutement: durée de l'entretien, entretien formel ou non, quels sont ses critères, quel est son style (ouvert, bavard, discret, précis...) autant d'éléments qui vont vous permettre de vous faire une idée à l'avance.

▪ Quels sont les documents à apporter ?

Un CV en plus, le dernier entretien d'évaluation,...

A ce stade de la sélection, et si vous ne l'avez pas fait plus tôt, recherchez toutes les informations sur l'entreprise via Internet, la presse spécialisée, la presse financière... Utilisez ensuite ces documents pour en retirer quelques questions en entretien, mais méfiez-vous quand même de la réaction du dirigeant d'une entreprise face à un article critique. Il pourrait vous rétorquer : "Vous croyez toujours ce que dit la presse ?..."

Vous devez également connaître le moyen d'accès le plus efficace. Autant être à l'heure au rendez-vous et ne pas se créer de stress supplémentaire.

Votre consultant vous apportera en général des réponses précises.

A l'issue de votre premier entretien dans le cabinet de recrutement et après lecture des documents que l'on vous aura remis, vous aurez pris des notes et il restera des points à clarifier que vous pouvez voir avec lui.

Vous pouvez évoquer avec lui, les questions qui ont de l'importance à vos yeux et lui demander conseil sur l'opportunité de les poser en entretien avec l'entreprise.

Vous demanderez à votre consultant à quel moment vous pourrez lui communiquer le débriefing de l'entretien pour le confronter à celui que lui aura transmis son client. Autant faire d'une pierre deux coups et ne pas le déranger inutilement deux fois.

Une question, qui reste subsidiaire à ce stade, est celle du nombre de candidats que reçoit l'entreprise et la façon dont vous vous positionnez par rapport à eux.

Votre consultant respectera bien sûr la confidentialité des autres candidatures et sera vraisemblablement discret face à cette question.

Il est intéressant toutefois pour vous de savoir comment vous vous positionnez et souvent les candidats abordent ce point de la façon suivante :

"Je sais que vous ne pouvez pas me dévoiler qui sont les autres candidats, mais pour mon information sommes-nous nombreux à rencontrer l'entreprise ? Et quelle est ma différence ou ma plus-value par rapport aux autres : ont-ils déjà occupé la même fonction, dans le même secteur, qu'ont-ils de plus ou de moins ?... En clair quelles sont mes chances ?"

En général un candidat motivé aura tendance à poser cette question, à lui de savoir l'adapter à chaque contexte sans aller au-delà de ce que son consultant voudra bien lui dire.

La réponse standard du consultant qui ne veut rien dévoiler est du type :

"Allez-y naturellement, soyez vous-même ; bien sûr que vous avez vos chances sinon vous n'en seriez pas là ; vous n'êtes pas un candidat faire-valoir".

S'il tient vraiment à vous et croit en vous (peut-être êtes-vous le meilleur candidat qu'il présente!), il vous donnera en général des signes d'encouragement.

VOTRE RENDEZ-VOUS AVEC L'ENTREPRISE

LE RÔLE DU CHASSEUR DE TÊTES DANS LA PHASE FINALE DU RECRUTEMENT ?

Hymane Ben Aoun

Pdg de Diaphane Ressources Humaines

Les conseils au candidat

Demandez conseil à votre consultant avant votre entretien dans l'entreprise, donnez votre feed-back après et recherchez le feed-back du client, cherchez à connaître les raisons qui vous ont défavorisé.

Le rôle du conseil à ce stade du recrutement est beaucoup plus important que vous ne l'imaginez

L'entretien chez le client

Je n'accompagne jamais le candidat chez le client car je considère que ce premier rendez-vous va leur permettre de savoir s'ils peuvent travailler ensemble.

Un entretien à trois, c'est dur pour le candidat.

Même, si ce type d'entretien à trois sert d'expérience pour savoir pourquoi le candidat ne sera pas retenu par le client (et qu'il va peut-être nous reprocher de le lui avoir présenté d'ailleurs) je suis mal à l'aise.

Je n'aime pas voir mon candidat en mauvaise posture et se liquéfier car je ne peux rien faire. Les rares fois où cela s'est présenté, mes commentaires pour revaloriser le candidat en cours d'entretien n'ont servi à rien !

Ensuite, je débriefe avec chacun. Avec le candidat, je lui demande comment cela s'est passé et où en est sa motivation ; ensuite je lui donne le feed-back du client.

Le rôle du conseil est de plus en plus important quand le candidat rencontre l'entreprise.

Mais souvent le candidat l'oublie à ce stade, il ne rappelle pas après l'entretien, il a alors tendance à se focaliser sur le client et il oublie qu'on peut l'aider ; ou n'appeler qu'en cas de problème.

Les candidats qui nous appellent après leur rencontre chez le client nous marquent. C'est surprenant chez les commerciaux et dans le domaine du marketing pour lequel nous recrutons, chez des personnes qui sont censées entretenir un relationnel et qui ne le font pas avec leur conseil !

En plus, on peut les aider à se positionner le mieux possible !

Pour exemple, un candidat qui semblait être en deuxième position et que nous avons poussé à exprimer vraiment sa motivation, a fini par l'emporter.

.../...

Très souvent, le candidat qui donne son feed-back parle de son entretien et de ce qu'il en a retiré. Rarement, il demandera comment il a été perçu par le client. Pourquoi il n'ose pas le faire ? Soit parce qu'il 'pense que cela ne se fait pas, par gêne ou bien parce qu'il a peur d'un retour non gratifiant!

Les candidats ne le demandent quasiment jamais au client en fin d'entretien non plus. Et pourtant ce feed-back est très constructif et permet aussi d'être plus efficace.

Les points critiques qui font basculer la décision

Pour deux candidats de même niveau de compétences, c'est le feeling entre le client et le candidat qui va faire basculer la décision.

Le client dira le plus souvent au sujet du candidat qu'il ne retient pas :

"Je ne sais pas ce qu'il y a, mais je ne le sens pas bien..."

Si pendant l'entretien, il y a quelque chose qui gêne la compréhension d'un comportement ou d'une situation, et que le client n'arrive pas à l'analyser, il pense alors dissimulation. S'il y a de la gêne sur une réponse, ce sera alors systématique.

Le candidat qui envoie un courrier après l'entretien tant auprès du client que du consultant pour préciser ses motivations a une influence positive. Et ce, d'autant plus pour un commercial.

La rencontre avec l'entreprise au cabinet de recrutement

On parle souvent de l'entretien dans l'entreprise après le travail de pré-sélection du chasseur de têtes, mais parfois ce premier contact avec l'entreprise aura lieu au sein même du cabinet de recrutement.

Les raisons sont de plusieurs ordres :

- L'entreprise est située en province ou à l'étranger et les candidats sont concentrés sur le pays ou la zone géographique où se situe le cabinet. Il est donc plus simple que l'entreprise se déplace vers ses candidats pour éviter de multiples déplacements.

- Le recrutement est confidentiel, et les candidats chassés ne veulent pas risquer de rencontrer au sein de l'entreprise, leur concurrent, leurs clients ou fournisseurs... Tous les partenaires du recrutement souhaitent que la confidentialité soit respectée jusqu'à sa finalisation.

■ Le client préfère s'extraire de son entreprise afin de pouvoir se concentrer sans risque de dérangement sur son recrutement. Il peut apprécier aussi d'avoir à coté de lui son consultant avec qui il pourra échanger ses impressions immédiatement après les rencontres.

LA RENCONTRE FINALE AVEC L'ENTREPRISE
JEAN-PAUL VERMES
Vice-président de TMP Worldwide

Quand un candidat rencontre le client en entreprise, et s'il me demande conseil, je lui dis : "Vous faites ce que vous voulez, l'essentiel est que vous ayez les cartes en main pour la bonne décision".

C'est comme un mariage, il n'y a que l'entreprise et le candidat qui peuvent se dire oui ou non ?

Les interlocuteurs de l'entreprise

Le moment essentiel du recrutement est arrivé, vous allez rencontrer l'entreprise qui recrute.

Vous savez normalement qui seront vos interlocuteurs, mais pas forcément dans quel ordre, ni s'il s'agit d'entretiens successifs ou en même temps et à plusieurs.

Quel que soit l'ordre, considérez que tous les entretiens sont importants et mettez-vous au préalable à la place de votre interlocuteur pour connaître ses objectifs et les questions à poser.

Les ressources humaines

Les représentants des ressources humaines valideront le travail du chasseur de têtes en reprenant les éléments qui vous caractérisent. Ils connaissent votre futur patron et vous pouvez leur poser des questions sur la direction du service, son style, le pourquoi du recrutement et plus généralement sur la politique de ressources humaines de l'entreprise, sur ses valeurs, sa culture, le style de la direction générale et du président...

L'ENTRETIEN
PASCALE DESVALLEES
DRH de Virbac

Je n'ai pas de technique d'entretien particulière, je déstabilise les candidats quand je leur parle d'équilibre personnel. Je leur demande leur ressenti par rapport à des situations personnelles, je leur demande ce qu'ils trouvent dans un sport et je prends le contre-pied de ce qu'ils disent, surtout quand ils ont des réponses conformistes.

Quand je détecte une réponse type, je rebondis en annonçant l'inverse de ce qu'ils disent.

En tant que recruteur, je ne me mets pas à la place du recruteur, je me mets à leur place. Ce qui m'intéresse, ce n'est pas ce qu'ils disent, mais pourquoi ils le disent.

En tant que DRH, je me considère comme l'image de l'entreprise, sortir de son rôle permet de donner une image de sincérité.

Ce qui est important en une heure d'entretien ? Ce n'est pas de juger les gens, ce serait dramatique de pouvoir le faire sur un temps si court. C'est plutôt de mesurer l'adaptabilité, l'adhésion au système de valeur de l'entreprise.

En tant que DRH, je n'évalue pas la compétence à un poste, je ne parle pas du poste, c'est le rôle de l'opérationnel.

Même si on ne peut évaluer quelqu'un réellement, pour autant avec des rencontres successives, il est rare que sur quatre avis par exemple, ils ne soient pas convergents.

Ma plus grande joie en entretien ?

Que la rencontre dure une heure et demi alors que je pensais au début que cela ne durerait pas longtemps.

Ce qui m'impressionne ?

La vivacité intellectuelle de certains candidats, l'aisance, l'esprit... mais la situation ne s'y prête pas forcément, ils ne sont pas en situation de force.

L'entretien le plus difficile ?

Avec un candidat fragile, désespéré, pour qui l'enjeu est fondamental et pour qui je ne peux rien faire.

Les outils que j'utilise ?

En plus de l'entretien, j'utilise un test de personnalité pour les postes de "middle management", cela permet d'aller plus loin et au-delà de l'apparence.

LA RENCONTRE AVEC LE CANDIDAT
VOLKER BURING
Directeur général des ressources humaines et de l'organisation du groupe Accor

Dans la rencontre avec le candidat, et une fois le contexte décrit, j'attends trois choses :
- Qu'il me pose des questions, cela montre l'attrait qu'il a pour l'entreprise et s'il a compris les facteurs clés de succès du poste ;
- Qu'il développe un discours, pourquoi il pense être le candidat idéal en mettant en avant ses forces, et j'aime assez qu'il parle de ses faiblesses ;
- Qu'il évite la surenchère de ce qu'il sait faire, qu'il ait une forme de modestie ;
- Qu'il parle des faits, des réalisations.

Les questions qui peuvent surprendre un candidat ?

Elle est banale, mais surprend toujours :
- vos forces : ils s'y sont préparés six fois sur sept ;
- et vos faiblesses : il est fréquent qu'il n'y ait aucune réponse, pas une faiblesse.

Ce que j'attends de lui, c'est qu'il fasse la photographie réelle de ce qu'il est. J'aime les candidats qui parlent brièvement de leurs atouts. Celui qui en réalité fait beaucoup de choses le décrit rapidement, quelqu'un qui sait clairement ce qu'il fait le décrit clairement.

Ensuite je lui demande pourquoi, il a choisi cette entreprise et ce métier : quelles sont ses affinités :
- Je me laisse guider par ses réactions ;
- J'aime les gens décontractés ;
- Spontanément, je ne lis pas les analyses rédigées sur les candidats et je n'écoute les opinions des autres qu'après.

Je sais que l'interview est stressant, je souris et je fais des blagues pour déstresser, je parle des choses sérieuses avec décontraction. Je sors du rôle de celui qui investigue et je dose selon mon interlocuteur.

Un entretien marquant ?

La créativité exceptionnelle d'un candidat qui n'a pas été finalement recruté.

Pour moi qui ne suis pas d'origine française, ce qui me surprend toujours, c'est le côté purement français de l'idée que l'on se fait de la formation.

Beaucoup se croient arrivés par leur formation. En entretien quand ils se présentent, ils commencent par leurs études et non par ce qu'ils viennent de faire !

Plus haut ils sont dans la hiérarchie et plus ils ont ce type d'approche. Ils ont tendance aussi à parler de leur réseau, de ceux qu'ils connaissent...

.../...

> *Volker Buring, Allemand, diplômé de sciences humaines et d'économie, a travaillé au sein de la fédération de football en Allemagne, puis comme consultant en stratégie et organisation et en ressources humaines chez Hay pour intégrer en 1989 et en France le Groupe Accor, où il est actuellement directeur général des ressources humaines et de l'organisation.*

Votre futur patron

Il va valider, en plus de la compétence technique, votre capacité à travailler avec lui et avec les différentes équipes qui constituent le service ou la direction. Vous lui poserez des questions précises sur l'activité, son organisation, ses enjeux, ses objectifs, les atouts et les contraintes. Vous l'interrogerez sur vos futurs collègues et leurs attentes vis-à-vis de ce poste, sur votre équipe, sa constitution, ses points forts et ses points faibles, la façon de travailler avec elle, les décisions importantes qui seront à prendre.

Un futur collègue

Il validera votre capacité à travailler en équipe, avec les autres, dans le cadre de la culture d'entreprise. Il cherchera aussi à mesurer votre plus-value, à rendre votre future présence légitime et acceptée.

La rencontre avec de futurs collègues n'est pas anodine dans le style de management de l'entreprise ; elle permet une décision collégiale et renforce sans doute cet esprit d'équipe. L'importance que le futur patron accorde à l'avis de ses autres collaborateurs présume du fait que l'adaptation aux équipes existantes est un critère important et favorisera l'entente future. Cette technique de recrutement est dans tous les cas un grand facilitateur d'intégration future.

Vous pourrez aussi lui demander sa vision de l'entreprise, ses atouts, ses difficultés, sa vision du poste, le faire parler du passé et de votre prédécesseur... de la façon dont il est préférable de s'y prendre.

La direction générale

Soit vous lui êtes rattaché et vous êtes alors dans le cas du futur patron ci-dessus ; soit elle valide le recrutement.

La direction générale confirmera votre capacité à vous intégrer dans l'entreprise, à apporter une plus-value par rapport à l'existant, accordera de l'importance à votre connaissance du marché ou à votre approche du marché, et à votre capacité à vous mettre à la place du client quel qu'il soit.

Elle appréciera un langage direct et le fait que vous ne vous cachiez pas derrière votre petit doigt. Elle appréciera également une connivence créée lors de l'entretien.

Le directeur général appréciera très vite le risque qu'un collaborateur prenne trop de place, voire sa place... Une certaine modestie, avec de l'assurance toutefois, restera un atout surtout, si vous êtes dans une fonction qui peut un jour évoluer naturellement vers la direction générale d'une entreprise et que cela fait partie de vos souhaits professionnels.

☞ *A la question : qu'aimeriez-vous faire dans trois ou cinq ans, certains candidats n'hésitent pas à répondre : être à votre place. Ce sera en général perçu comme un signe d'ambition. Attention, ce peut être radical en fonction de votre interlocuteur. Un DG bien assis dans sa fonction et dans son entreprise en aura une perception positive, un DG moins à son aise ou ayant une confiance fluctuante en lui prendra peur.*

LE PROFIL IDÉAL DU MANAGER

JEAN-CLAUDE JAUNAIT

Président de SYSTÈME U

Puisqu'en recrutant, on mesure la qualité du candidat à un certain nombre de critères, quel est pour vous le profil idéal du manager ?

La somme de quatre critères :

- Un sens critique aiguisé, qui a la capacité à faire la part des choses avant de faire son choix ; qui a la conscience du choix avec la vision des réalités, c'est la première base d'un caractère indépendant ; et qui saura utiliser davantage les autres que lui-même (c'est sa différence avec l'expert).

- Un corps sain, qui sait travailler son intellect comme son corps. S'entretenir contribue à l'équilibre. Le dynamique fait du sport pour trouver l'équilibre. La compétition et le sport vont bien ensemble.

- Un équilibre familial, qui vit bien dans son couple (même s'il en change), la solidarité du conjoint est importante.

- Une bonne rémunération, il doit en être satisfait pour qu'il n'ait pas de problème. C'est aussi la conséquence de ce qu'il est.

En complément de mes critères, ceux du Medef, dans un groupe de travail réunissant des dirigeants auquel je contribue, sont :

- La capacité à parler et écrire couramment dans sa langue et en anglais.

- L'autonomie d'information, il doit être branché quand il faut, là où il faut ; et vivre sans assistante. Il maîtrise les outils informatiques.

- Il a un comportement de leader, doit donner du sens, la direction.

- Il a l'esprit compétiteur, il sait se mesurer aux autres.

- Il a l'esprit de synthèse, il tire parti des autres.

- Il a la capacité à trouver la philosophie d'un sujet, son aspect conceptuel tout en allant vers un besoin concret.

- Il a la capacité à convaincre et non à contraindre ("avoir une arme dans la main dont on sait qu'on ne va pas se servir est une force fabuleuse !").

- Il entraîne, trouve la philosophie qui plait à ses équipes et la leur fait mettre en pratique.

Beaucoup de gens ont ces critères et pourtant il n'y a pas énormément de potentiels de managers !

Parce que deux critères se rajoutent :

- la relation aux études,
- la prise de risque.

Celui qui vient de terminer ses études doit se considérer sortir d'un centre d'entraînement, il sort plus apte mais il doit continuer à apprendre et l'autodidacte est celui qui apprend toute sa vie. Si avoir fait des études veut dire se baser sur ses acquis, cela ne mène à rien. Un vrai manager veut apprendre en permanence et il saura le communiquer aux autres.

.../...

La prise de risque est dangereuse quand le risque n'est pas évalué. La prise de risque n'est jamais négative, si on a le sentiment que ça l'est, il ne faut pas le faire. L'analyse du risque, c'est la mesure du danger et du bénéfice.

La prise de risque est un acte d'entrepreneur, non par rapport à soi mais par rapport aux autres (ses clients, ses collaborateurs...).

Ce qui gouverne l'entrepreneur, c'est la capacité à trouver dans l'entreprise un terrain d'expression où il conjugue l'ambition personnelle à celle d'un groupe. L'entrepreneur c'est celui pour qui, l'intérêt général prime et qui répond aux besoins de l'entreprise tout en se développant personnellement.

A partir des critères requis du manager, comment les mesurez-vous en situation de recrutement ?

Dans ces critères, il y en a certains qui sont facilement mesurables comme l'informatique et les langues. Pour les autres ce sera par la conversation, je mets le candidat à l'aise et en situation d'expression.

Avant de savoir s'il rentre dans ma "cible", je m'intéresse à ce qu'il est en tant que produit (on pourra toujours adapter l'emballage !). J'ai besoin de comprendre et connaître ses motivations. La vie est un mélange de raison et d'affectif, le mettre en situation de raisonnement et d'émotion permet de le mesurer.

Tout d'abord au premier entretien, je retourne son dossier, je ne le regarde pas, je crois avant tout au critère affectif. Je vais selon le poste adapter mes critères. Je remets toujours un candidat dans un contexte et par rapport à des critères d'embauche : mesurer, c'est définir.

Si mon critère est "méthodique", je n'ai pas besoin de quelqu'un de dynamique.

Si je veux un commercial, il doit saisir les opportunités affectives, c'est un buteur ou un séducteur : il a le geste et le mot qu'il faut...

Je vais toujours rechercher la ressource qui lui permet de se rééquilibrer ou de se régénérer. Si je vois des qualités, je vais chercher les défauts, et vice versa.

D'instinct, j'essaie toujours de le déséquilibrer, je l'emmène dans un chemin et je change la donne : "expliquez moi pourquoi ou le contraire de ce que vous venez de dire...". S'il arrive à convaincre sur les deux points de vue, c'est qu'il a une bonne analyse critique. Je lui demanderai aussi son choix et pourquoi ; il se livrera davantage affectivement...

L'entretien de recrutement n'est jamais un jeu naïf.

Je poserai des questions pièges en fonction de ce qui me préoccupe, c'est une question d'adéquation à l'environnement, à la culture, aux personnes...

Je pose parfois des questions sur le physique : "Pourquoi la barbe ?", je les interroge sur leurs relations personnelles...

Je veux comprendre le point de faiblesse pour, par ricochet, faire ressortir les points forts. En tant que recruteur, on doit toujours se poser la question de savoir par quel point de faiblesse ce candidat pourrait me décevoir demain ?

                                            .../...

Savoir, une fois que l'on a trouvé la clé qui va dans la serrure, par où va-t-elle rouiller ?

Un conseil d'usage : Ce sont toujours les points faibles qui poseront problème.

Que penser de la capacité de chacun à évoluer et à modifier ses points faibles ?

Je crois qu'on peut adapter son comportement, pas fondamentalement changer. A 80 % les gens restent ce qu'ils sont. Ils ont souvent des ressources qu'ils n'utilisent pas.

S'ils évoluent, c'est qu'ils s'utilisent ou qu'on les utilise autrement. Les gens ont plus de ressources que ce que l'on croit. Aider les gens à dégager leur force motrice leur permettra d'aller dans le sens de la course. Quelqu'un qui réussit, c'est quelqu'un qui a pris son marché.

Pour qu'une entreprise réussisse elle a :
- à développer l'esprit d'entreprise ;
- à rechercher les hommes et les femmes qui veulent se développer ;
- et qui agissent dans ce sens avec les autres ;
- qui trouvent en eux une force motrice

Ils deviendront alors entrepreneur.

L'évolution de notre société et ce qu'elle demande est une sorte de millefeuille où depuis 50 ans ont comptés : le consommateur, puis le client, puis l'actionnaire (nous y sommes encore) et demain la gestion des compétences. Même si tous ces critères apparaissent encore, des critères nouveaux y succèderont. A critères nouveaux, situations nouvelles. Il faut mettre les gens en situation d'ouverture.

Le cas des entretiens à plusieurs

Plusieurs collaborateurs de l'entreprise vous rencontrent simultanément. L'exercice est toujours plus délicat parce qu'intimidant.

- Première règle :
  Demandez à qui vous avez affaire et serrez la main de chacun d'entre eux.

- Deuxième règle :
  Parlez et répondez aux questions en vous adressant et en regardant tous vos interlocuteurs et pas seulement celui qui parle le plus.

- Troisième règle :
  Posez des questions d'ordre général auxquelles ils peuvent tous répondre, sans les mettre dans l'embarras.

- Quatrième règle :
  Valorisez cette rencontre, le fait de rencontrer en même temps plusieurs personnes de l'entreprise, profitez-en pour leur demander si cela est fréquent... si le travail d'équipe fait partie du style de management de l'entreprise...

LE RÔLE DU CHASSEUR DE TÊTES AUPRÈS DE SON CLIENT ET DU CANDIDAT

La présence du consultant à l'entretien

Il est également possible, que ce soit dans l'entreprise ou dans le cabinet, que le consultant assiste aux entretiens. C'est parfois systématique dans certains cabinets, parfois exclu de la pratique du cabinet, parfois au cas par cas à la demande du client.

C'est très engageant pour le consultant d'être présent dans cette phase car il est alors témoin de la rencontre et sait exactement ce qui s'est passé ou ne s'est pas passé. Il comprend mieux alors le mode de fonctionnement de son client comme de son candidat.

Il est ensuite meilleur conseil vis-à-vis de l'un et de l'autre.

☞ *Pour ma part, j'ai toujours considéré cette expérience enrichissante ; être témoin de cette rencontre et comprendre comment un candidat avec qui le feeling s'était bien passé lors du premier entretien s'écroule devant l'entreprise et perd ses moyens, comme d'un candidat "sans envergure apparente" qui excelle dans cette situation. C'est pourquoi, je me suis toujours dit et de plus en plus avec l'expérience, que les pronostics préalables à cet entretien, le fameux tiercé*

> *demandé par certains clients, pouvaient varier après la rencontre. Je me suis aussi fait la réflexion que si l'entretien prenait mauvaise tournure, je n'y pouvais pas grand chose et que les difficultés que le candidat ne pouvait surmonter dans cette situation, seraient vécues plus tard dans l'entreprise de la même façon.*

Le rôle du chasseur de têtes dans la phase de rencontre du candidat

Le rôle du chasseur de têtes dans la phase de rencontre du candidat par l'entreprise est double.

Auprès de l'entreprise

- Il valide la bonne organisation du recrutement, et parfois la traite lui-même à partir de plages horaires communiquées par l'entreprise.

- Il s'assure que tous les documents souhaités par l'entreprise lui ont été communiqués.

- Il fait part, si c'est le cas, des questions spécifiques que se pose le candidat auxquelles le consultant n'a pu donner de réponses et qui pourraient renforcer sa motivation pour le poste.

- Il n'hésite pas à faire part des réserves que peut présenter le candidat, ses atouts comme ses limites ; notamment si un sujet tel que celui de la mobilité familiale est un facteur d'échec de sa candidature.

- Il communique également l'évolution des recherches des candidats et s'il y a un risque qu'ils aient une décision à prendre rapidement, par ailleurs.

■ Après l'entretien avec l'entreprise, il recueille le feed-back de son client et la décision potentielle. Il lui communique le feed-back du candidat et l'évolution de sa motivation.

Auprès du candidat

En plus des préalables à l'entretien :

■ Il recueille son feed-back, l'analyse avec le candidat et lui communique celui du client s'il l'a déjà reçu.

■ Si de part et d'autre, le feed-back est positif, il s'assure de la capacité du candidat à aller jusqu'au bout du processus, vérifie s'il a bien eu toutes les réponses à ses questions et s'il a en main toutes les cartes pour prendre une décision.

■ Si le feed-back du candidat est négatif, il en analysera les raisons avec lui et pourra ensuite les communiquer à son client.

■ Si le feed-back de l'entreprise est négatif, il le lui communiquera, lui demandera d'en analyser les raisons par rapport à ce qui s'est passé en entretien. Il lui communiquera également ce que son client a pu apprécier.

Utilisez cette phase de feed-back comme une source de progrès !

On ne peut pas plaire à tout le monde, certes ! Mais vous pouvez progresser dans cette phase importante.

Vous gérez plus ou moins bien votre stress. Avoir la perception de l'autre n'est pas consolant mais permet d'être meilleur la prochaine fois.

Je suis surprise par des candidats qui ne cherchent pas à donner ou à recevoir ce feed-back. Je m'interroge sincèrement sur leur motivation et sur leur capacité à progresser !

CHAPITRE 8

COMMENT SE CONCLUT
LE RECRUTEMENT ?

LE CHOIX, LA PRISE DE DÉCISION

Les premiers entretiens ont pu se passer le même jour dans l'entreprise ou à des moments différents, parce que tous les interlocuteurs n'étaient pas disponibles en même temps. Dans ce deuxième cas de figure, on peut alors présumer du caractère positif du ou des premiers entretiens, car on fait rarement revenir un candidat pour lequel l'avis a été négatif à un moment dans le process.

La moyenne du nombre d'entretiens dans les entreprises est variable. Il est lié à la taille de l'entreprise, au niveau du poste et à ses enjeux, au nombre de décideurs. Le minimum serait en moyenne de trois en intégrant l'entretien de finalisation et ce nombre peut aller jusqu'à six ou huit. Plus les processus de recrutement sont longs, plus on est en droit de s'interroger sur les processus de décision de l'entreprise.

Dans tous les cas, si on vous invite à revenir dans l'entreprise pour une nouvelle rencontre, c'est le signe que votre profil intéresse et que les avis vous concernant ont été favorables.

C'est peut-être aussi le signe que la phase finale approche, mais vous pouvez être plusieurs dans ce cas (rarement plus de trois). Le plus souvent d'ailleurs reviennent en phase finale les deux finalistes quand il est difficile de les départager ou que le décideur a besoin de les voir quasiment en même temps pour être sûr d'avoir les mêmes critères pour chacun et de pouvoir les comparer.

Il est vrai aussi que cette phase finale de rencontre des candidats aura pu prendre trois semaines et que demeure le risque d'oublier les candidats ou en tout cas de ne plus s'en souvenir précisément.

Cette phase finale est celle de la négociation, mais souvenez-vous que le recrutement n'est pas terminé. Vous allez devoir vous prononcer et vous engager si le poste vous intéresse et que vous êtes retenu. L'entreprise va devoir également se prononcer et s'engager de la même façon.

EXEMPLE DE PRÉSENTATION DU CANDIDAT AUX DIRIGEANTS DE L'ENTREPRISE

L'entretien en lui-même

Monsieur Denver, postulant à la fonction de directeur commercial, est reçu par le président et le directeur général de l'entreprise de distribution spécialisée, en présence du chasseur de têtes.

L'entretien se passe donc à quatre, et se situe au milieu d'une journée de présentation de candidats qui a lieu dans le cabinet de recrutement.

Monsieur Denver est le troisième (sur les cinq) de la journée et son rendez-vous a lieu après le déjeuner.

Le rendez-vous commence une demi-heure en retard, le déjeuner ayant lui-même été décalé du fait des entretiens de la matinée.

Consultant : Je vais chercher le candidat dans la salle d'attente et le prie d'excuser le retard du rendez-vous (je le trouve très tendu et peu à l'aise), je l'introduis dans le bureau où a lieu la réunion et lui présente ses deux interlocuteurs (qui ont au préalable pris connaissance du dossier et de ma note de synthèse).

DG : *Monsieur Denver, pour commencer, parlez-nous de vous ?*

M. Denver déroule son parcours depuis ses études et sa première expérience avec sérieux et détails. Le directeur général et le président montrent quelques signes de fatigue mais ils l'écoutent et n'interviennent pas pendant un long moment.

Le monologue s'étend, le candidat me regarde de temps en temps mais continue à exposer son parcours et ses réalisations.

C : J'ai envie de lui dire de faire plus court, je fatigue également et commence à ressentir l'ennui de mes clients.

M. D : Après avoir évoqué ses connaissances en marketing et commercial, il parle ensuite de son expérience de management.

C : Vu de l'extérieur, le directeur général et le président se lassent et le DG pose une question.

DG : *Quels étaient les produits vendus ?*

M. Denver y répond précisément, le président remonte ses lunettes.

DG : *Quel était le niveau de prix, comment vous situiez-vous par rapport à vos concurrents ?*

M. D : Donne sa réponse précise en % par rapport aux concurrents et précise le positionnement de l'entreprise sur son marché.

DG : *Qu'est-ce qui motivait un différentiel de prix pareil ?*

M. D : Apporte sa réponse toujours précise.

Le DG est satisfait de la réponse et le candidat reprend le fil de son parcours. Il expose les raisons de son départ et de son choix pour un nouveau poste : une équipe plus importante, la conception du plan d'action commerciale, l'animation des vendeurs...

C : Je le trouve triste dans son exposé mais il expose l'ensemble avec sérieux, il bouge ses mains pour accompagner ses propos, ce qui pondère la fatigue de mes clients.

M. D : Continue à parler de ses réalisations, de la mise en place des éléments de mesure du degré de satisfaction client, du catalogue, du *call center*... et de son intérêt pour Internet qui correspond finalement à une opportunité d'intégrer sa dernière entreprise : une start-up dans le secteur. Il précise alors les apports de cette expérience et sa fin par le dépôt de bilan.

Il continue à préciser sa situation actuelle, ses pistes, ses projets de reprise d'entreprise et d'écriture d'un livre...

DG : *Vous n'avez jamais eu d'expérience de la distribution spécialisée ?*

M. D : *Si, sous certains aspects...* (la réponse est vague)

DG : *Connaissez vous le marché du produit Y ?*

M. D : *Je le connais par une étude de concurrence que j'ai menée pour un concurrent* (qu'il précise). Il parle notamment d'une niche de clients potentiels.

DG : *Vous pensez que ce type de distribution a un avenir dans le secteur ?*

C : Je remarque que le candidat remue ses jambes, et j'apprécie de pouvoir l'observer de profil contrairement à notre entretien précédent en face à face. Ainsi, je fais encore plus attention à la posture.

.../...

M. D : précise en quoi cela peut avoir un avenir.

Le Pdt : (se réveille au sens figuré), *j'ai vu une expérience similaire en Allemagne l'année dernière...*

DG : *C'est amusant, même surprenant qu'ils aient eu cette idée !*

M. D : *Vous ne vendez pas à distance ?*

C : je me dis alors qu'il fait une erreur en posant cette question et en s'enfermant dans cette expérience...

DG : *Quand on s'est introduit en bourse, on a tenu le discours inverse, Internet c'est purement de la vente par correspondance. J'y crois pour la vente qui concerne des prestations dématérialisées comme la banque, le voyage. Par contre, si c'est un canal de distribution qui correspond à un stockage, à une livraison de produits, les coûts sont énormes et cela ne peut être compétitif.*

Le Pdt : *C'est à envisager quand même si le client peut payer plus cher.*

DG : *Et la gestion du retour ! C'est compliqué !*

M. D : *Pour moi cela ne fait pas débat, je ne suis pas un ayatollah du process.*

C : Mes clients insistent alors à montrer le contraire, le DG donne un dernier argument et précise qu'il arrêtera la dessus.

DG : *Quelle est votre vision du marché ? Si vous ne le connaissez pas, vous le dites !*

M. D : *Je ne l'ai pratiqué que sur la mission dont je vous ai parlé, et puis la tendance est au développement sur ce marché, l'augmentation des retraités, les 35 heures... ça va aider aussi.*

DG : *Quelle est votre vision de la grande distribution, comment la voyez-vous de l'extérieur ?*

C : En même temps qu'il pose la question, il range le dossier du candidat dans la chemise avec l'ensemble des dossiers et je me dis qu'il a déjà terminé l'entretien !

M. D : *La distribution ira de plus en plus vers le client et le service...*

Il fait alors référence aux informations qu'il a pu obtenir via le site Internet de l'entreprise et qui sont sous ses yeux... le Pdt et le DG regardent de leurs places les documents.

DG : *Il y en a des choses sur notre site Internet !*

.../...

M. D : *Ce n'est pas seulement le rapport annuel, votre site, mais aussi votre interview sur BFM, la presse...*

C : Je me rends compte qu'il fait à nouveau une erreur.

DG : *Vous êtes devenu un fan en quelque sorte ? Qu'est-ce qui vous attire chez nous ?*

M. D : *Votre développement.*

DG : *Qu'est-ce que vous pensez pouvoir nous apporter ?*

M. D : *La connaissance du client plus que de la distribution, celui-là je le connais. Ma plus grande fierté a été de connecter les magasins aux clients dans l'expérience de la société X et de motiver les équipes dans ce sens. Ça, c'est ce que je sais faire le mieux.*

DG : *Quelles sont vos autres questions en plus des réponses que vous avez déjà trouvées sur notre site ?*

M. D : Il ouvre son dossier et regarde un article de presse du *Monde* d'il y a trois jours et que le client n'a pas vu.

Quelle est la culture de votre entreprise et le fait qu'on y adhère ?

DG : apporte ses réponses :
Notre entreprise c'est la dépendance dans l'interdépendance avec un sens de l'écoute très fort. C'est un peu pompeux de le dire ainsi mais c'est comme cela. Ce sont en quelque sorte des centaines de Gaulois à rallier et en même temps des gens qui ont déjà réussi. C'est expliquer, convaincre et diriger... On joue en permanence sur l'équilibre, le rapport de force, chacun veut dominer l'autre et personne ne peut le faire...

M. D : *Je comprends d'autant mieux ce que vous dites que j'ai été salarié d'un GIE, sans réelle possibilité d'avoir les clés, je n'avais qu'à convaincre.*

DG : il regarde sa montre...

M. D : se déride un peu, remue ses jambes...

Il lit ses notes et ses questions qui ont été préparées d'avance.

Il demande la marge de manœuvre sur la gestion des budgets et les processus de décision de l'entreprise.

DG : y répond clairement.

M. D : *Quelle est l'autonomie en management ?*

DG : *J'attends que le directeur commercial manage son service et je ne veux pas en entendre parler.*

.../...*

M. D : tourne les pages de ses documents....

DG : Et en plus il y a notre photo ? Il y en a des choses sur Internet !
Avez-vous visité un magasin ?

M. D : (bredouille) Pas encore....

DG : Vous êtes vraiment un homme d'Internet !

Pdt : *Le plus important du métier commercial et marketing dans notre entreprise, c'est de savoir comment le magasin va le percevoir!*

DG : (met fin à l'entretien) *On prendra une décision rapidement. Vous êtes disponible sous quel délai ?*

M. D : *Pratiquement immédiatement, j'ai plusieurs dossiers à des niveaux d'avancement différents...*

DG : D'avancement ou d'intérêt ? (Il n'attend pas réellement la réponse et l'entretien se termine).

SUITE DE L'ENTRETIEN

L'avis à chaud des dirigeants

Le Pdt : *M. D a fait du commerce prisonnier, il ne connaît pas le magasin !*

DG : *Il est hyperinformé et il n'a pas été voir un magasin, cela démontre son centre d'intérêt. Il est pas mal dans l'ensemble, mais ce point lui est défavorable.*
Il a une vraie culture de marketing des services, il a dû faire face à des difficultés....mais si on le plonge aujourd'hui en magasin pendant un mois et ensuite dans le poste, il explose sous trois mois. De plus, il aura une équipe qui connaît parfaitement le métier, faite de vieux briscards qui ne lui feront pas de cadeaux!
Comparativement aux autres candidats, même s'il a une compétence que les autres n'ont pas, je ne vois pas bien ce qu'il apporterait.

Le feed-back de M. Denver deux jours plus tard ;

Le consultant fait parler M. Denver avant de lui donner son propre feed-back.

M. D : *Le contact n'a pas été mauvais, ils ont une culture d'entreprise assez forte, ils travaillent ensemble depuis longtemps, ils sont pragmatiques et orientés sur le business immédiat.*   .../...

On a beaucoup parlé de l'entreprise, de sujets divers autour de la société et de l'activité et finalement assez peu du poste.

Les exigences du marché correspondent à mon profil orienté client, et une introduction en bourse va leur exiger de communiquer sur ce sujet.

Ils sont très assurés sur beaucoup de sujets, ils sont fermes.

L'autonomie laissée au titulaire du poste, je la mesure mal. Il faudrait être sur des cas concrets pour s'en rendre compte.

Pour ma part, je préfère rentrer dans le cœur du sujet plutôt que de parler...

J'ai été désarçonné par le président... J'aurais aimé avoir un feed-back de sa part, il est garant des valeurs, le DG est en charge des opérations et du management.

Pour une entreprise du secteur, c'était plutôt cordial et sympa ; la discussion était ouverte, on a échangé des points de vue.

C'est vrai que je n'ai pas pris le soin, ni le temps d'aller en magasin alors que dans ma démarche dans ma dernière entreprise j'étais catalogué comme l'homme magasin et pas celui d'Internet.

Le fait est qu'il y a eu une conjonction d'éléments qui ont été à mon encontre, on a beaucoup parlé du net et de la vente à distance.

Mon apport est certainement plus important sur le produit et le marché que sur le point de vente. C'est vrai qu'ils ont aussi le sens du client dans leur culture et que leur attente n'est pas forcément là.

C : Je le remercie de son feed-back très sincère, je lui précise effectivement qu'au-delà des qualités reconnues par mes clients, la culture point de vente est insuffisante à leurs yeux.

Je reprends avec lui les éléments qui lui ont été défavorables dans l'entretien et notamment cette insistance sur le net sans connaître leur position, le fait de ne pas avoir visité de point de vente... Je lui précise également le profil des autres candidats présentés pour ce poste et le fait qu'il était le plus jeune (35 ans) alors que celui qui a été retenu en avait 48. Je lui précise également que professionnelle- ment on gagne toujours à vieillir et qu'*a priori* on en retire plus d'expérience.

.../...

Mon avis

Je m'interroge toujours sur le bien fondé de préparer le candidat à cette rencontre. Avec ce client en particulier, je préfère rester neutre, les attitudes du candidat doivent rester naturelles pendant cette rencontre. Lui demander un comportement fabriqué ne mènerait à rien, mon client n'en serait pas dupe et le percevrait inévitablement d'une façon ou d'une autre.

Le conseil à donner au candidat dans cette phase, c'est d'être particulièrement à l'écoute des attentes de son interlocuteur et de ne pas se centrer sur sa personne. C'est un exercice périlleux mais qui induit de manière radicale la façon dont les relations vont s'établir.

Le choix, une convergence d'avis

Les différents entretiens ont eu lieu, le décideur va faire valoir les atouts des candidats finalistes et tenir compte des différents entretiens. Il considérera l'avis de ses différents interlocuteurs, mais aura sa préférence et l'exprimera tant en terme de compétences, que de facilité d'intégration dans l'entreprise, de plus-value par rapport aux autres membres des équipes, de motivation et accessoirement de prix. Il exprimera aussi un choix bien personnel : son envie de travailler avec ce collaborateur.

Un recrutement n'est jamais totalement rationnel et dans peu d'occasions on entendra un client énumérer les qualités du candidat et rajouter que ce n'est pas celui avec lequel il aurait le plus de plaisir à travailler...

Tous les avis ont leur importance, traduits différemment.

Les entreprises qui pratiquent plusieurs entretiens successifs avec plusieurs collaborateurs ont tendance à écouter les réserves émises et parfois à faire jouer un droit de véto contre l'embauche du futur collaborateur. Quand le directeur général intervient sans être le futur patron de l'embauché, c'est également un droit de véto qu'il exerce pour exprimer ses réserves tout en laissant la plupart du temps son collaborateur prendre la décision finale.

Ce que l'on peut remarquer, c'est qu'en général les avis convergent vers le même candidat.

COMMENT SE FAIT LE CHOIX FINAL ?
ROLAND CHABRIER

Pdg de H&C Consultants, vice-président du syndicat du conseil en recrutement Syntec

A compétences égales, le choix final se fera en général sur :
- la pertinence des questions posées par le candidat ;
- sa capacité à être bref et concis ;
- sa motivation (il ne suffit pas de le dire, ce sont souvent les questions posées qui permettent de le mesurer).

Si l'entreprise demande au candidat les questions qu'il a à poser, il est important d'en poser. Il peut préciser, s'il le pense, que les informations communiquées par le cabinet ont été très précises mais, qu'"en plus", il aimerait avoir quelques informations supplémentaires.....

La question des tickets restaurants restera totalement accessoire, il faut adapter ses questions à son interlocteur :
- avec le DG : parler de stratégie ;
- avec le DRH : politique de promotion interne ;
- avec un opérationnel : l'évaluation de sa performance.

Il est bien aussi de rester naturel, le candidat qui en rajoute se dessert. Rester soi-même, c'est mieux, une relation adulte/adulte est importante.

QUELS SONT VOS CRITÈRES POUR FAIRE LE CHOIX FINAL ?

Maurice Vax

Président du conseil d'administration de Monsieur Bricolage

En ce qui concerne mes critères de choix du candidat final, je n'ai pas de barème. Je me fie à la conversation et aux réponses.

Ce qui est important, ce sont les connaissances générales, l'adaptabilité, l'ouverture et la curiosité, la capacité à s'imposer même s'il ne connaît pas le métier.

Je suis sensible à ce qu'il ne survole pas les sujets en déléguant bêtement, qu'il ait la volonté de gratter le vernis.

C'est important aussi qu'il ait la volonté de manager et d'établir des rapports humains avec l'ensemble de ses interlocuteurs.

Les conseils au candidat finaliste

- Soyez clair sur votre motivation. Ce poste correspond-il réellement à ce que je recherche ou bien y vais-je pour voir ? L'honnêteté avec votre consultant ou avec votre futur employeur comme avec vous-même est extrêmement importante. Si la décision entraîne une mobilité familiale, il faut que ce point soit validé par votre conjoint et vos enfants en connaissance de cause. Combien de fois nous sommes-nous rendu compte, alors que le candidat était en phase finale, que sa famille n'était même pas informée, et qu'il a été amené à se désister pour cette raison !

- A ce stade, vous avez peut-être encore des questions auxquelles il manque des réponses : listez-les et posez-les quelle que soit leur nature, après il sera trop tard.

- Considérez que le recrutement n'est pas terminé, ne vous relâchez pas! Soyez toujours en situation d'écoute ! Pas question de devenir amical vis-à-vis de votre interlocuteur ou d'avoir un comportement déplacé par rapport au contexte !

- Mettez-vous en situation de négociation, le sujet sera sans doute abordé précisément dans cette dernière phase en ce qui concerne vos conditions d'embauche. L'envoi ultérieur de la lettre d'embauche ou du contrat de travail vous laissera le temps d'accepter ou non la proposition de l'entreprise mais pour le faire, elle a besoin d'éléments concrets que vous lui communiquerez.

COMMENT SE DÉGAGE LE CHOIX FINAL ?
CLAUDE DOS REIS
Directeur associé de Sirca

La manière de présenter nos candidats revêt toujours la plus grande importance qu'il y ait, ou non, un choix étendu.

Le consultant qui a travaillé avec son client et avec son candidat séparément doit faire en sorte à ce stade qu'il n'y ait pas d'éléments perturbateurs au moment de la présentation.

Le premier contact est essentiel, car personne n'a deux fois l'occasion de faire une première bonne impression.

Quand le candidat a été « chassé », il faut préparer le client à le traiter d'égal à égal. La présence du consultant peut aider à rattraper l'entretien et la préparation est essentielle. On peut donner au candidat des conseils sur l'aspect physique, par exemple ; si le client est formaliste, on demandera peut-être au candidat de faire un effort sur sa tenue vestimentaire.

Pour exemple, j'ai connu des patrons qui regardent les chaussures pour « classer » leurs interlocuteurs. N'oubliez pas que l'entretien de vos chaussures peut être aussi important que vos discours. Ou encore dans une PME, le premier regard du patron était celui de la jeune femme de l'accueil qui donnait son avis sur la qualité de la présentation, la politesse, la simplicité...

Il y a beaucoup de clients qui vivent avec des idées très arrêtées sur leur manière de juger les autres, il faut y être attentif.

Les éléments qui font basculer la décision :

- arriver à l'heure au rendez-vous de présentation

- tenir compte de ce à quoi l'autre attache de l'importance

- prononcer les mots et les phrases qu'il a envie d'entendre : les mots créent la proximité, ils permettent d'établir le terrain de communication. S'il entend les mots proches de ceux qu'il a communiqués à son consultant, il appréciera

- être structuré ; ce que recherche et retient le client, c'est la structure de l'individu. Si le candidat est structuré, l'échange sera plus riche et actif. S'il part dans tous les sens, son interlocuteur aura du mal à savoir ce qu'il a dans la tête.

- être apporteur de compétences : si le client voir un apporteur de compétences et non un chercheur d'emploi, c'est bien. ...;...

Il ne s'agit pas d'être « le vendeur de BMW » qui veut faire croire que sa voiture est à tous usages, y compris le tout terrain. Un candidat qui sait ce qu'il peut apporter et le prouver, mais qui sait aussi ce qu'il ne peut pas faire, séduira plus facilement.

– optimiser ses compétences et savoir précisément dire dans quel environnement il les optimise est un atout. Peut-être aurez-vous la chance de rencontrer l'employeur qui en tiendra compte dans les contours de votre poste.

Ce qu'est l'entretien de présentation

Ce n'est pas une évaluation, comme cela a pu être le cas avec le consultant, il se passe sur d'autres bases : le temps est limité, le candidat doit être préparé pour être bon ce jour-là. Trop souvent, on croit cet entretien proche de celui qui a eu lieu avec le consultant, alors que votre interlocuteur est celui qui décide.

L'entretien n'est pas toujours un combat, mais il faut s'y préparer. De même qu'un boxeur va faire de la musculation pour ne pas s'écrouler au premier coup au foie, un candidat doit se préparer à un entretien. Prévoir les questions pièges évite de se trouver déstabilisé, le moment venu. C'est la même préparation que prévoient les hommes politiques avant leurs débats publics.

Entretiens multiples

Tous les entretiens dans une entreprise sont décisifs, que ce soit avec le président, le DRH, un futur collègue : relâcher sa garde avec l'un d'entre eux est un piège ! très souvent on écoute celui qui a un avis négatif parmi les différents interlocuteurs, même si ce n'est pas celui qui va travailler avec la future recrue.

En synthèse, l'intelligence du candidat c'est d'écouter le conseil : celui qui se permet de se priver de conseil ne peut en aucun cas être le bon candidat.

COMMENT SE FAIT LE CHOIX FINAL EN ENTREPRISE ?
HERVÉ COURVOISIER
Directeur général de Monsieur Bricolage

Mon choix final est guidé par le potentiel du candidat plus que par son parcours. Le parcours donne les traits de comportement.

Le potentiel sous-jacent, c'est l'intelligence, l'ouverture et la curiosité.

Je le mesure en fonction des réponses qu'il va m'apporter.

L'intelligence, c'est la capacité à répondre à une question difficile.

L'ouverture, c'est la capacité à changer d'avis sur un point sur lequel le candidat avait une perception différente.

La curiosité, c'est l'intérêt pour le marché, les tendances...

J'ai choisi des collaborateurs qui n'avaient pas forcément la compétence, mais dans tous les cas ils avaient le potentiel. S'ils ne connaissent pas, ils apprennent.

Des personnes qui ont des responsabilités doivent être autonomes, quand ils intègrent notre entreprise, ils n'ont pas de cahiers leur permettant d'appliquer des procédures, leur potentiel est indispensable.

Si vous êtes numéro 2, ou comment tirer parti de ne pas avoir été retenu

En phase finale, vous ne savez pas forcément que vous êtes numéro deux, puisque vous n'avez pas encore reçu de réponse négative de votre consultant ou de l'entreprise.

Quelques signes toutefois vous permettent de présumer d'une évolution défavorable de votre candidature :

- les rendez-vous tardent ;

- vous n'avez pas de réponse de l'entreprise ;

- votre chasseur de têtes ne vous rappelle pas immédiatement ;

- …

Autant de signes de mauvais augure !

Néanmoins, mon conseil est de garder espoir.

En effet tant qu'un recrutement n'est pas terminé, tous les espoirs demeurent.

Dans cette phase, le cabinet prendra des références sur les candidats finalistes, l'entreprise attend peut-être un comité de direction pour valider le choix... et même si le choix de l'entreprise s'est porté sur un autre candidat alors que vous êtes le numéro 2, ce dernier peut refuser la proposition.

Soyez donc patient, égal à vous-même et tenace ! Une ténacité "douce" sera un point positif pour vous.

J'ai le souvenir, dans cette situation, de deux cas qui ont joué en faveur du numéro 2.

- Premier cas : le candidat numéro 1 à une direction d'agence dans un groupe de service s'est désisté et mon client a hésité avant de recruter le candidat numéro 2. Quelques années plus tard, ce fameux numéro 2 est devenu le directeur général adjoint du groupe !

- Le deuxième cas est celui d'un candidat qui ne présentait pas tous les atouts recherchés pour le poste et qui avait été poliment écarté au début de la recherche. L'évolution de l'entreprise, l'impact des critères retenus par son dirigeant qui écartait à chaque fois le candidat retenu par son comité de direction... ont fait que ce candidat toujours présent, tenace et d'humeur égale est devenu le candidat finaliste au bout de quelques mois. Il s'agissait d'une direction commerciale dans un processus de ventes longues... Quel atout !

Vous n'êtes finalement pas retenu

Cherchez surtout à savoir pourquoi auprès de l'entreprise ou du chasseur de têtes.

Profitez-en pour mieux vous connaître et demandez les éléments de votre dossier, ils vous rendront plus fort pour la prochaine fois.

Gardez un bon contact avec votre chasseur de têtes, il pensera à vous positivement dans le cadre d'une nouvelle opportunité.

LE CANDIDAT NUMÉRO 2
HYMANE BEN AOUN
Pdg de Diaphane Ressources Humaines

Il est très important pour un candidat de savoir pourquoi il ne l'a pas emporté.

On lui dit de demander au client le pourquoi, sinon on le lui explique.

Quand on envoie une réponse négative et que l'on propose au candidat de rappeler pour plus de détails, il le fait rarement !

Il ne sait même pas qu'il était peut être le numéro 2 !

Les mêmes raisons d'être le numéro 2 reviennent.

Le conseil sera souvent plus à même et avec neutralité de le lui dire.

Nous avons des candidats qui ont pu traiter leurs difficultés grâce à ces conseils et trouver ensuite un poste.

LES ASPECTS MATÉRIELS ET CONTRACTUELS DE LA NÉGOCIATION

Les conditions d'embauche et de rémunération

Il s'agit dans ce chapitre de parler des conditions d'embauche au sens large plutôt que du simple aspect rémunération. Il vaut mieux envisager l'enveloppe globale qui va définir les conditions de travail du futur collaborateur.

On y retrouve habituellement :

■ la rémunération annuelle brute qui, quasiment dans tous les postes de cadres et dirigeants, intègre une partie fixe et une partie variable ;

- les avantages de l'entreprise : mutuelle, plan d'épargne, principe de stocks options... ;

- les avantages de la fonction : voiture, ordinateur et téléphone portable, frais de déplacement...

Avant votre entretien final, préparez par écrit vos conditions actuelles et n'omettez aucun avantage.

Si vous êtes en situation de force (par exemple en poste et avec plusieurs offres dans les mains), aborder votre négociation en cherchant à obtenir davantage semble naturel. Le principe des + 20% est toutefois à relativiser et il peut devenir accessoire si c'est d'abord le niveau de responsabilité qui vous intéresse.

La négociation financière n'étonnera aucun employeur. Ce dernier a tout intérêt à obtenir le meilleur pour un prix en diminuant dans un premier temps son offre afin de se laisser une marge de manœuvre.

Que vous cherchiez à négocier dans des zones raisonnables ne fera que renforcer son choix à votre endroit : ce que vous négociez aujourd'hui pour vous, vous le négocierez demain pour la société.

Soyez attentif toutefois aux nouvelles conditions de vie dans lesquelles vous vous trouverez et à leur impact financier. Votre installation à Paris ou à Londres, par exemple : incluez cette donnée dans votre demande de rémunération.

Sur la partie variable qui reste souvent floue en phase finale, faites-vous préciser ses conditions d'obtention (qualitatives et quantitatives).

☞ *Je suis souvent surprise par la confiance aveugle du candidat quant à la partie variable de sa rémunération. Pour limiter le risque, il recherche le plus souvent une rémunération fixe correspondant à la globalité de sa rémunération actuelle, et l'obtenant, il se montre moins regardant.*

Les clauses spécifiques

Les clauses spécifiques : la clause de non-concurrence et la clause parachute sont tout aussi importantes que la rémunération.

Clause de non-concurrence

La clause de non-concurrence qui figure dans le contrat de travail peut créer dans le futur des contraintes dont il ne vous sera pas facile de vous dégager.

Elle est spécifique à chaque type d'entreprise et même si elle doit remplir, pour être valable, les critères habituels :

▪ détermination géographique ;

▪ durée ;

▪ contrepartie financière.

Il faut se rapprocher de la convention collective du secteur pour connaître les conditions précises de sa validité. Elle sera très souvent présente dans des fonctions commerciales où le risque de détournement de clientèle est réel. Dans d'autres fonctions, vous pouvez trouver une clause de confidentialité ou chercher à l'obtenir à la place de la clause de non-concurrence.

La clause parachute ou le *golden parachute*

Depuis les années 90, la clause parachute fait l'objet de négociations quasi systématiques pour les contrats de dirigeants. Cette demande était souvent timide, elle l'est moins aujourd'hui et les conseils en recrutement ont beaucoup œuvré pour la banaliser. Par le passé, les réactions des entreprises étaient du style : il ne doit pas être sûr de lui pour demander une telle clause !... Aujourd'hui, les entreprises sont souvent rachetées, les dirigeants changent au gré des stratégies... autant de bonnes raisons pour se garantir de ces risques indépendants de la qualité du travail que vous pourrez fournir.

La clause parachute garantit au dirigeant mandataire social, qui ne peut aucunement bénéficier des Assedic, révocable sans indemnité, ni préavis, la garantie de recevoir une indemnité. La tension du marché de l'emploi et les évolutions des entreprises ont élargi cette pratique à des postes sans mandat social et où le risque de révocation n'existe pas.

La clause parachute fait désormais partie de la négociation des conditions d'embauche notamment pour les managers les plus demandés de niveau direction générale et en fonction du risque pris en acceptant le poste.

Vous avez identifié les facteurs de risque et vous allez les mettre en avant dans le cadre de la négociation finale, en parallèle vous en parlerez à votre chasseur de têtes. Ces risques sont liés le plus souvent aux possibilités de rachat de l'entreprise, aux change-ments successifs des dirigeants, aux titulaires du poste qui ont échoué !

Le manque de pérennité du poste justifie la clause parachute.

La négociation de la clause parachute se fera au final avec votre interlocuteur dirigeant ou actionnaire. Elle se fait toujours sur la demande du futur collaborateur et rarement sur la proposition de l'employeur.

Son montant et ses conditions de versement font l'objet de la négociation : il n'y a pas de chiffre précis sur le montant, de six mois à deux ans de salaire au grand maximum. Ses conditions de versement sont liées à l'ancienneté dans le poste, plus précoce est votre sortie et plus important sera son montant. Des clauses précisent également l'annulation du parachute au-delà de deux années d'ancienneté.

Pour information, la clause parachute peut être négociée alors que vous êtes dans l'entreprise, ce n'est pas une condition exclusive d'embauche. Vous pouvez la négocier à tout moment et notamment dans le cadre d'une évolution dont vous mesurez bien les risques.

Elle sera spécifiée dans une clause du contrat de travail ou dans un avenant de celui-ci.

Fiscalement, elle peut s'assimiler de plus en plus à une indemnité transactionnelle et n'être soumise qu'à la CSG et à la CRDS et être non imposable si elle correspond à un préjudice subi.

La négociation se termine avec votre futur employeur, il va pouvoir établir la lettre d'engagement et parfois ultérieurement le contrat de travail.

Vous pouvez bien sûr renégocier certains points du document écrit s'il ne correspond pas à vos échanges oraux et l'expérience prouve que cela n'a rien d'exceptionnel.

Le conseil que nous pouvons vous apporter est d'être toujours calme et de faire vos remarques dans un souci de dialogue.

Nous avons pu remarquer que les candidats qui ont des difficultés à s'engager ont tendance à faire refaire plusieurs fois le contrat pour quelquefois... ne jamais le signer !

L'IMPACT DE VOTRE ENGAGEMENT OU DE VOTRE DÉSISTEMENT

Vous vous engagez

Vous avez signé la lettre d'engagement ou le contrat de travail !... La mission du chasseur de têtes touche peut-être à sa fin !... En tout cas pour la partie recherche et sélection, puisqu'il restera votre interlocuteur dans votre phase d'intégration dans l'entreprise.

Les autres candidats seront informés de la décision et leurs espoirs *a priori* déçus.

Le chasseur de têtes est conscient de l'importance de votre engagement qui correspond à une décision mûrie au fil du temps.

Quand commence-t-elle à mûrir ?

Le jour où vous ne vous épanouissez plus dans votre fonction et dans votre entreprise !

Le jour où vous êtes licencié !

Le jour où vous êtes approché par un chasseur de têtes !

Le jour où vous lisez une annonce dans laquelle vous vous reconnaissez !

.....

Un engagement de vie professionnelle mûrit pendant plusieurs mois et ne se fait pas sur un coup de tête. C'est un ensemble d'éléments qui convergent vers cette décision.

C'est pourquoi, s'il semble toujours trop long, le processus de recrutement est nécessaire pour les deux parties :

■ il vous permet de prendre la bonne décision ;

* il permet à l'entreprise de vous évaluer au fil du temps (elle ne recherche que très rarement des sprinters) et d'apprécier l'ensemble de vos qualités.

Vous vous désistez

Autant se désister et mettre fin au processus de sélection avant de recevoir la lettre d'engagement !

Pensez à ceux qui auraient aimé avoir le poste : autant qu'ils le sachent le plus tôt possible !

Mais, plusieurs cas de figures se présentent :

* vous avez plusieurs offres entre les mains, vous pesez ces offres et vous faites votre choix avec difficulté ;

* vous aviez une autre piste en cours et tant qu'elle ne se concrétisait pas, vous faisiez comme si... ;

* vous n'envisagiez pas que l'entreprise s'engagerait aussi vite sur votre candidature ;

* ...

> Parlez-en au préalable à votre consultant. Personne n'appréciera de ne pas avoir vu venir votre décision. Si l'on sait d'avance que la décision vous est difficile, elle sera d'autant mieux comprise.
>
> Le pire des cas est de donner l'impression d'avoir mené vos interlocuteurs en bateau !

A votre niveau, vous avez aussi à gérer une carrière sur une durée relativement longue. Que ce soit pour l'entreprise, qui est peut-être sur votre secteur d'activité ou pour votre consultant, qui peut demain vous faire de nouvelles offres, vous avez tout intérêt à préserver votre image et votre intégrité.

Comment être sûr qu'à une prochaine occasion, vous ne renouvellerez pas l'opération ; peut-on vous faire confiance? L'entreprise et le cabinet qui auront mené cette mission avec sérieux auront le sentiment plus ou moins justifié d'avoir été trahis.

Sur ce sujet de l'engagement du candidat, je ne peux m'empêcher de penser au recrutement d'un directeur général pour l'un de mes clients. Le candidat avait signé sa lettre d'engagement qu'il avait d'ailleurs fait modifier et il devait à la date prévue prendre son poste.

Quelques jours avant son arrivée présumée, le président de l'entreprise et moi-même faisions le point des préalables à organiser pour son intégration.

Le jour J, le président m'appelle car le candidat ne s'était pas présenté et n'avait pas prévenu. Nous l'avons sollicité à plusieurs reprises sur son téléphone mobile comme à son domicile pour essayer de le joindre: sans résultat. J'ai su quelques mois plus tard, qu'il avait rejoint une autre entreprise du secteur.

Quelle a été, d'après vous, la réflexion que mon client et moi-même, nous sommes faite ?

QUELS CONSEILS POUR LA PHASE FINALE DE RECRUTEMENT ?

JEAN-FRANÇOIS DROUOT L'HERMINE

Président directeur général de Drouot L'Hermine Consultants et président du syndicat du conseil en recrutement Syntec

Que les deux parties : candidat et chasseur de têtes, soient totalement honnêtes intellectuellement et transparents dans cette phase.

Que le candidat dise ce qu'il est et que le consultant lui donne tous les éléments dont il a besoin.

Dans une vie professionnelle, on a toutes les chances de se rencontrer à nouveau, la transparence restera alors une valeur positive. Et c'est aussi vrai pour le chasseur de têtes qui peut devenir demain le client du candidat.

Tricher, c'est aller vers des déceptions. A ce stade, il est important de voir le candidat tel qu'il va être et pas tel qu'il s'efforce d'être.

Quels sont les critères qui peuvent faire basculer une decision en phase finale ?

La mobilité est souvent un problème en phase finale. Auparavant, on pouvait se trouver dans la situation où l'entreprise cliente souhaitait déjeuner avec le conjoint pour notamment valider ce point.

Aujourd'hui, les questions d'ordre privé n'ayant pas la même possibilité d'être abordées, il faut trouver d'autres moyens de mesurer la réelle disposition familiale à déménager.

Mon secret ? Téléphoner au conjoint quand je sais pertinemment que mon candidat est absent du domicile et, si c'est

possible engager la conversation sur ce sujet. C'est une bonne façon de mesurer les chances de succès.

La question que se pose le chasseur de têtes à ce stade est :

– Est-ce que le candidat nous a bien tout dit ?

– A-t-il mesuré les conséquences de sa décision ?

Nous sommes toujours sensibles dans ce contexte de la mobilité, aux candidats qui ont des enfants adolescents, entre 13 et 17 ans car nous savons que c'est une période où la mobilité n'est pas souhaitée par la famille.

Avant 12 ans et après 18, elle pose beaucoup moins de problèmes.

Qui fait le choix final ?

C'est toujours l'entreprise qui fait son choix et qui prend sa décision.

C'est vrai aussi que notre client nous demande notre tiercé ou nos préférences et c'est vrai qu'à l'arrivée, nous avons parfois des surprises et que l'ordre des finalistes n'est pas toujours le même.

Les éléments qui feront basculer la décision :

– le savoir- faire professionnel ;

– une part d'analyse des points forts et points faibles du candidat ;

– et une énorme part de subjectivité : de l'ordre 10 à 50%.   .../...

Un secret pour aider mon client à faire son choix ? Lui faire se poser les questions suivantes :

- est-ce que je suis capable de travailler avec lui ?
- est-ce que je suis capable de déjeuner deux heures avec lui ?
- est-ce que je suis capable de passer huit heures dans une voiture avec lui, et idéalement en lui cédant le volant ?

Un déjeuner, un moment dans la voiture sont comme l'entretien, des moments d'observation.

Quels conseils donner aux candidats dans ces situations ?

Si c'est un déjeuner, même de travail, il faut savoir faire la part des choses entre ce qui est purement professionnel et ce qui est annexe. Il faut mettre des plages de respiration, ne pas être concentré uniquement sur le sujet professionnel.

"Je l'ai vécu avec une consultante qui pendant un déjeuner ne décrochait pas du métier ! Je me suis dit qu'on ne pourrait pas travailler ensemble !".

Mais il ne faut pas s'oublier ! Même si on recherche la transparence, cela reste une épreuve, il faut garder ses distances.

Le déjeuner, c'est comme l'entretien, il peut se "casser" dans les cinq dernières minutes, surtout quand le candidat croit que c'est gagné !

Il a tendance, à tort, à créer une complicité qui n'a pas raison d'être.

Le chasseur de têtes est son partenaire, pas son complice ! Il aurait alors un rôle

de tricherie face au client, ce qui n'est pas recevable.

Fréquemment, dans ce type de circonstances, le candidat devient familier ; tutoie, appelle le consultant par son prénom, se croit en terrain conquis, n'écoute plus.

Et le désistement du candidat ?

Je reviens sur le principe de transparence et l'établissement d'une bonne relation.

En tant que conseil, nous nous interrogeons toujours sur le candidat qui se désiste après avoir accepté le poste et qui ne veut pas s'expliquer.

Attention, si vous êtes candidat, pensez que vous allez revoir votre chasseur de têtes ! Ne vous mettez pas dans une situation où il ne pourra plus vous voir !

Les raisons du désistement

- Il y a peut-être eu forcing dans la décision, le candidat a signé mais il a forcé son choix sur le plan personnel et entre-temps a trouvé une offre qui répond davantage à ses critères.
- Soit son employeur a pu lui faire une proposition pour le garder.

Dans tous les cas, la situation peut être comprise par le chasseur de têtes.

Ce qui est plus difficile à accepter pour le chasseur de têtes comme pour notre client, c'est :

- Celui qui s'est servi de vous pour se vendre mieux et qui a trouvé mieux ailleurs,
- Et celui qui continue à chercher alors qu'il a signé.

.../...

Revenons au cas où le candidat ne veut pas communiquer, quelles conclusions en tirerons-nous irrémédiablement ?

- son incapacité à communiquer dans des situations difficiles ?
- soit il ne peut pas le dire et il cache quelque chose ?
- soit, c'est une forme de peur, de refus de prendre ses responsabilités ?
- soit, il est mal élevé ?

Dans tous les cas, c'est une tache indélébile dans le dossier.

Le candidat qui refuse de prendre le consultant au téléphone, ne fait pas preuve de maturité dans ses relations. Il est important de traiter ses interlocuteurs avec respect car une carrière se gère à moyen et long terme.

Les candidats de moins de trente ans ont tendance à être "kleenex" dans la gestion de leur carrière, quand on est jeune on y est moins attentif.

Une carrière, c'est 40 ans de vie professionnelle, et un employeur ou un consultant ont de grandes chances de le retrouver. Il est important de se comporter en tenant compte de l'autre.

Quelle est l'incidence du changement de dirigeant dans l'entreprise au moment de la finalisation du recrutement ?

Plus le niveau de poste est élevé, plus on choisit son patron.

La probabilité de changement de patron est de plus en plus réelle. C'est pourquoi, nous préconisons que le candidat puisse rencontrer ses homologues, bien connaître la culture de l'entreprise, l'actionnaire, les équipes... Il est important de faire un mix de tous ces éléments pour faire un choix. Ensuite, le changement de patron aura moins d'incidence.

Et l'entreprise vendue ?

C'est de plus en plus fréquent aussi.

Le cas le plus délicat que nous puissions rencontrer est celui du salarié qui quitte une entreprise pour une autre qui est finalement rachetée par la première.

Cela peut bien se vivre, si la séparation s'est bien passée sinon c'est radical !

Les conseils au candidat

Qu'il soit transparent, pas de tricherie, du dialogue et qu'il se serve de nos conseils.

CHAPITRE 9

LE CHASSEUR DE TÊTES SUIT-IL VOTRE INTÉGRATION DANS L'ENTREPRISE ?

LE SUIVI DE VOTRE PRISE DE POSTE

L'intégration

Selon la définition du dictionnaire, s'intégrer est s'assimiler à un groupe, faire entrer dans un ensemble plus vaste......

Vous avez été le candidat retenu et avez fait le choix du poste et de l'entreprise dans laquelle vous allez continuer à exercer vos compétences professionnelles.

Cette décision n'est pas anodine pour vous puisqu'elle engage votre épanouissement et qu'elle peut être source de succès mais aussi de risque professionnel, voire personnel.

Vous avez déjà détecté ce qui correspond *a priori* à vos critères: une culture d'entreprise, un patron, une mission... Autant d'éléments qui ont remporté votre adhésion.

De son côté, l'entreprise a fait son choix sur des critères identiques : le collaborateur que vous serez, votre état d'esprit, vos compétences, votre motivation... et la projection de votre intégration dans les équipes existantes.

Quand en phase de décision, un dirigeant fait le choix d'un collaborateur, il l'envisage dans le paysage et le recrute parce qu'il l'imagine sans problème au sein du comité de direction, par exemple, en bonne harmonie avec l'ensemble de ses collaborateurs mais aussi pour des qualités que vous avez démontrées par le passé ou en entretien et qui vont compléter les qualités de l'équipe.

Vous êtes de toute façon "attendu" dans votre nouvelle entreprise et vous n'avez pas forcément conscience de l'état d'esprit de l'équipe à votre égard. Certains vous vivront comme un concurrent, d'autres comme celui qui va les aider... Autant de cas de figures dont vous devez tenir compte sans y attacher plus d'importance que nécessaire.

L'avantage de l'intégration est qu'elle ne se base plus sur une première bonne impression, elle donne le temps de s'évaluer mutuellement, de se connaître au-delà des apparences et de la séduction.

Le premier jour de travail est plus important pour le nouvel arrivant que pour l'entreprise

Qui n'a pas eu l'exemple du nouveau collaborateur que personne n'attendait dans l'entreprise, son bureau n'était pas disponible, son patron absent... Autant d'éléments qui ne donnent pas envie de prolonger le séjour.

☞ *Le pire des cas que j'ai pu rencontrer est celui d'un patron qui avait fait venir le même jour, à la même heure les deux candidates qu'il avait recrutées pour un seul poste, sans se souvenir de ce qu'il avait fait... Les candidates désarçonnées m'ont téléphoné ensemble pour savoir quoi faire. Aucune des deux n'est finalement restée!*

Les conseils que nous apportons à nos clients sont d'accueillir leur nouveau collaborateur comme ils aimeraient être accueillis eux-mêmes. Le temps où l'on mesurait la capacité d'adaptation du nouvel arrivant en le mettant d'emblée en situation inconfortable est révolu.

La période d'essai fonctionne dans les deux sens, et dans une période d'embellie de l'emploi, on a vu le cas de nouveaux embauchés qui demandaient une prolongation de leur période d'essai pour pouvoir mieux observer l'entreprise qui ne les satisfait pas totalement et pouvoir se libérer rapidement si une autre opportunité se présente.

Nombreux sont aussi les candidats, qui après avoir accepté une offre, reçoivent quelques semaines plus tard des offres d'autres employeurs sur lesquelles ils sont amenés à réfléchir.

Souvent, des candidats peuvent décliner une offre mais préciser que leur choix a été difficile, et que si leur intégration ne les satisfaisait pas, ils reprendraient contact avec le cabinet...

Le recrutement ne s'arrête désormais plus à l'arrivée du collaborateur dans l'entreprise.

A côté de ce manque d'investissement de certaines entreprises, d'autres ont toujours pris soin de leurs nouveaux collaborateurs en développant des stages d'intégration, des séminaires de prise de connaissance du groupe. (C'est le cas de "Vivre en Accor" qui explique toute l'organisation du groupe Accor, des livrets d'accueil ou guide de l'embauché jusqu'au parrainage par un non-hiérarchique.)

Certes, les années de crise ont fait oublier les bonnes pratiques dans ce domaine ; la période 2000/2001 les a redéployées.

Les entreprises ont développé des approches d'intégration beaucoup plus dynamiques, notamment pour les jeunes cadres. Le séminaire d'intégration est devenu un exercice réel de compréhension de l'entreprise par des séjours à tous niveaux, au siège, en usine, en situation de vente, à la logistique, ou à l'après vente...

Le souci premier de ces entreprises a été de donner au candidat une vision globale pour qu'il situe mieux sa fonction dans un ensemble complexe.

En plus de rendre l'intégration séduisante, il y a de plus en plus le souhait de la rendre efficace et rapide. La volonté de rendre un nouveau collaborateur opérationnel le plus rapidement possible fait partie des objectifs de l'entreprise.

Le ludique a aussi sa place dans la pédagogie nécessaire à la compréhension de l'entreprise ; des jeux de découverte, des chasses au trésor vont développer la dynamique des forces de vente, par exemple.

De plus en plus d'entreprises ont formé leur encadrement, non seulement au recrutement mais aussi à l'intégration. Les chefs de services ont ainsi à rendre des rapports d'intégration de leurs nouveaux embauchés.

Bien que les petites entreprises soient moins équipées dans l'approche d'intégration, elles mesurent parfois mieux l'arrivée du nouveau collaborateur et ont le souci de le rendre efficace rapidement. Le dirigeant s'implique en général beaucoup dans cette phase, il implique rapidement le collaborateur dans des situations concrètes.

Dans l'un et l'autre cas, prendre le temps d'intégrer un nouveau collaborateur est devenu une nécessité

Le suivi de votre intégration par le chasseur de têtes

Le chasseur de têtes n'est pas seul en général à suivre l'intégration. Il fonctionne en partenariat avec la direction des ressources humaines et avec la hiérarchie.

Comment cela se concrétise-t-il ?

- Il vous téléphone à votre arrivée dans l'entreprise pour vous souhaiter une bonne intégration, vous précise qu'il est à votre disposition pour toute réflexion ou information que vous souhaiteriez partager et qu'il vous rencontrera d'ici trois mois ou six mois, selon les postes, pour faire officiellement le point sur votre intégration.

- Par ailleurs, il contacte son client pour s'assurer que les conditions d'intégration sont remplies et prévoit le rendez-vous qui permettra d'en faire l'analyse dans le délai précisé.

A ce stade du recrutement, toutes les parties en présence ont intérêt à ce que l'opération réussisse. Après discussion des ajustements mineurs pourront être réalisés.

Être actif dans votre intégration

Attendre que l'entreprise vous intègre dans les meilleures conditions n'est pas le seul mode d'intégration. Votre rôle de recherche de l'information, de prise de connaissance de votre environnement est tout aussi important. N'hésitez pas à faire partager vos idées à votre hiérarchie pour optimiser votre intégration.

Au même titre que vous irez vous présenter à ceux qui entourent votre bureau, vous en profiterez pour savoir qui ils sont. Vous allez, dans le cadre d'une fonction de management, vous présenter à l'ensemble de votre nouvelle équipe et les recevoir individuellement pour mieux connaître leur histoire personnelle dans l'entreprise et définir avec eux la meilleure façon de travailler ensemble.

Vous appellerez également votre chasseur de têtes pour lui faire part de votre arrivée et le solliciterez pour décrypter l'entreprise.

Il sera sensible à cette sollicitation. En l'associant, vous lui donnerez le sentiment de jouer pleinement son rôle.

LE RÔLE DE COMMUNICATION ET DE CONSEIL DU CHASSEUR DE TÊTES

Utilisez votre chasseur de têtes comme un élément précieux de votre processus d'intégration.

Il a tout intérêt à vous apporter son aide et pas seulement pour éviter de faire jouer la clause de garantie en cas d'échec. Il peut aussi jouer un rôle actif auprès de votre environnement.

On a vu, à plusieurs reprises, qu'il est aussi le traducteur de langages. A ce stade, c'est en véritable coach qu'il peut intervenir et il le fera d'autant mieux que vous le solliciterez.

L'aide du chasseur de têtes dans la compréhension de l'entreprise

Votre chasseur de têtes, comme nous l'avons déjà dit, n'est pas un vendeur de CV, mais un véritable conseil dans l'approche du recrutement et dans l'évaluation des candidats.

Dans cette phase, le vendeur de CV sera limité dans les conseils qu'il peut vous donner puisqu'il connaît peu ou mal l'entreprise en question. Celle-ci lui a demandé de fournir des CV, pas de la conseiller.

Le véritable chasseur de têtes présente pour vous une plus-value réelle, il connaît son client et en général depuis un certain temps. Il a la pratique historique de l'entreprise et le plus souvent à haut niveau pour les postes de dirigeants. Il a vécu plusieurs changements dans l'entreprise, en connaît la véritable stratégie et sait quelles sont les amitiés ou inimitiés des uns et des autres.

Au moment de votre recrutement, il aura déjà pu vous communiquer des informations importantes sur le contexte dans lequel le poste s'inscrit. Vous lui demanderez également la définition de poste s'il ne vous l'a pas communiquée à l'issue de votre entretien. En préalable à votre intégration, éventuellement dans les jours qui précédent, vous le solliciterez pour le rencontrer et reprendre ensemble ses commentaires sur l'organigramme, les collaborateurs, leurs parcours, vos futures équipes...

Vous compléterez cette information après votre intégration, quand vous aurez mis des visages sur les noms et que vous aurez validé certains éléments. Surtout faites le parler de votre nouveau patron.

> "Quels sont les conseils que vous me donneriez pour réussir mon intégration, pour être en phase avec les attentes de mon nouveau patron, qu'aime-t-il ou n'aime-t-il pas dans les fonctionnements de ses collaborateurs, exprime-t-il facilement ses attentes... ?"
>
> "Quels risques me font prendre tels aspects de mon comportement, quels sont les points que je dois surveiller en fonction de mes points faibles ?"
>
> "Quelles sont les questions qu'a pu se poser mon futur employeur dans la phase de décision finale et les interrogations qu'il a eues me concernant... ?"

Vos questions seront non seulement jugées pertinentes, mais prouveront vos capacités d'adaptation et d'anticipation et votre motivation à vous doter des moyens de réussir.

> "Etant moi-même conseil de nombreux groupes, j'ai souvent été sollicitée par des collaborateurs en poste qui se retrouvaient en impasse professionnelle et qui avaient besoin d'un conseil extérieur pour comprendre leur propre organisation et le fonctionnement de leur dirigeant".

L'échange de feed-back

Vous êtes dans l'entreprise depuis plusieurs semaines et vous faites le point de votre intégration avec le chasseur de têtes.

Exemples de questions que votre chasseur de têtes vous posera :

■ Comment s'est déroulée votre intégration ?

■ Dans l'ensemble êtes-vous satisfait ?

■ Qu'est-ce qui vous satisfait dans votre fonction? le plus, le moins...

■ Quelles sont les difficultés que vous avez rencontrées ?

■ Quelles sont celles que vous avez déjà surmontées ?

■ Comment pensez-vous surmonter les autres ?

■ Quelles sont les aides que vous attendez de votre responsable ?

■ Quelle est votre perception de l'environnement par rapport à ce que nous nous étions dit en entretien, quelles sont les différences que vous remarquez...?

Par ailleurs, c'est avant ou après cet entretien de feed-back, qu'il aura réalisé le même exercice avec votre hiérarchie :

■ Comment se passe son intégration ?

■ Développe-t-il les comportements attendus dans le poste ?

■ Comment est-il perçu par ses collègues, par son équipe, par vous... ?

■ Qu'est-ce qui a été le plus et le moins satisfaisant dans ses interventions ?

■ Quels sont les moyens qui permettraient de développer son adéquation au contexte ?

Logiquement, le consultant vous donnera le feed-back de votre intégration, se basant sur des faits et non des perceptions, c'est l'avantage de cette période.

Les corrections pourront être suggérées ensemble et le mode de management pourra être amélioré en fonction de vos besoins. Si le besoin de formation se fait sentir, c'est également le moment d'en parler.

Dans tous les cas, ce moment privilégié permet de relativiser en mettant à plat certaines difficultés.

Le patron est souvent le premier à se rendre compte qu'il n'a pas toujours consacré le temps utile, par rapport à la complexité de son groupe...

S'il n'y a pas d'erreurs manifestes de comportements du nouveau, on sait que la période d'essai de trois mois est bien trop courte pour valider la compétence du collaborateur dans son poste.

Par contre, les premiers signes de succès ou d'échec sont déjà là, les repérer permet de les corriger et de renforcer la réussite.

Au-delà de la période d'intégration, le chasseur de têtes restera souvent le conseiller personnel du recruté, y compris bien plus tard quand il sera en phase d'évolution.

☞ *Jean-Claude Jaunait, le président de Système U disait récemment :*

"Je suis étonné que les cadres de l'entreprise n'utilisent pas davantage le chasseur de têtes pour leur marketing personnel. C'est, en général, celui qui les connaît le mieux et qui peut être de bon conseil. Un cadre évolutif est celui qui sait tirer profit de cette relation".

UNE PÉRIODE D'ESSAI NON CONCLUANTE

La période d'essai peut se révéler non concluante parce que vous n'êtes pas satisfait du poste tel qu'on vous l'a décrit et que vous décidez volontairement de mettre fin à votre collaboration. Dans ce cas, soit vous avez une nouvelle opportunité qui se profile et la situation, même si elle est désagréable, ne présente pas de risque majeur, soit vous n'avez pas entamé de recherche et vous négociez votre départ afin de pouvoir bénéficier ensuite des Assedic.

Dans le cas, où c'est votre employeur qui y met fin, la période d'essai a pu déjà être reconduite. L'échange créé avec votre hiérarchie vous a permis de comprendre cet échec et vous vous mettez d'accord pour interrompre votre collaboration. Dans cette situation, négociez la séparation en optant pour une attitude positive.

L'entreprise comme le candidat a intérêt à analyser les raisons de cet échec.

Souvent, l'entreprise chargera le chasseur de têtes de faire comprendre au recruté les raisons de l'échec voire de l'aider à surmonter cette difficulté.

Comprendre l'échec permettra d'éviter de le reproduire que ce soit pour l'entreprise dans le cadre d'un nouveau recrutement, que ce soit pour le recruté dans sa prochaine entreprise. On ne sort pas immédiatement indemne d'un échec, c'est par contre après coup une expérience qui peut se révéler profitable.

Faire la distinction entre ce qui relève du candidat recruté et ce qui est du fait de l'entreprise est important dans le processus de séparation et dans l'analyse des paramètres qui permettent d'optimiser l'avenir.

CHAPITRE 10

QUELS SONT LES DROITS ET LES OBLIGATIONS DES TROIS PARTENAIRES DU RECRUTEMENT ?

Dans l'exercice de ses missions, le chasseur de têtes engage sa responsabilité aussi bien à l'égard de l'entreprise cliente que des candidats : aussi est-il intéressant d'étudier cette relation triangulaire peu fréquente en matière de contrat de prestations de services où généralement seule existe contractuellement la relation entre le conseil et l'entreprise.

Cette relation triangulaire engage de la part du cabinet sa responsabilité civile contractuelle vis-à-vis de l'entreprise et sa responsabilité civile délictuelle vis-à-vis du candidat.

Il faut examiner successivement chacune de ces relations afin d'en bien comprendre les responsabilités.

LA RELATION
CHASSEUR DE TÊTES / ENTREPRISE CLIENTE

Le lien contractuel

Si votre chasseur de têtes a établi un lien professionnel et sérieux avec l'entreprise cliente, cette relation s'est exprimée à travers un contrat.

Ce contrat spécifie un engagement de part et d'autre pour une recherche donnée. Le poste à pourvoir, le prix de la recherche, son mode de paiement, la nature des actions engagées par le cabinet, l'engagement de l'entreprise de confier en exclusivité cette recherche, le mode de mise en œuvre et la durée de la garantie de reprise de mission (remplacer le candidat s'il ne donne pas satisfaction ou s'il quitte l'entreprise), sont les points essentiels de ce contrat.

Ce contrat n'implique pas de lien de subordination et le conseil agit en toute indépendance.

L'obligation de moyens

Ce lien contractuel n'entraîne pas, en principe, d'obligation de résultats mais seulement une obligation de moyens car la jurisprudence et la doctrine considèrent que la mission comporte un aléa lié au contexte humain. Le conseil s'engage donc à mettre en œuvre tous les moyens nécessaires à l'aboutissement de la mission.

Juridiquement, s'il y avait inexécution ou mauvaise exécution du contrat, c'est à l'entreprise cliente de prouver la faute. Pour autant, la responsabilité du cabinet de recrutement est engagée sur l'ensemble des informations qu'il communique à son client, ce qui peut justifier des demandes précises à votre égard.

En plus de chercher à bien faire son métier en vous connaissant le mieux possible, le chasseur de têtes engage sa responsabilité.

☞ *Par exemple, si vous avez fait état de diplômes non obtenus et que le cabinet ne l'a pas vérifié, il peut en être tenu pour responsable si cette déclaration a pour conséquence un préjudice subi par l'entreprise.*

Sachez également que des cabinets se sont fait assigner par des entreprises dans le cas de recrutements de directeurs administratifs et financiers ou chefs comptable qui ont détourné de l'argent dans l'entreprise. Si la preuve est faite que le cabinet n'a pas mis en œuvre les démarches attestant de la qualité du travail et de la compétence du candidat recruté, le jugement peut lui être défavorable et l'obliger à verser une somme d'argent considérable.

C'est pourquoi bon nombre de cabinets, et c'est la prudence qui le justifie, se sont protégés par des assurances en responsabilité civile professionnelle.

La confidentialité des informations

Par ailleurs, les informations communiquées par le cabinet à l'entreprise au sujet du candidat, sont confidentielles et doivent être limitées à la durée de la mission ; elles doivent être détruites ensuite.

Le cabinet doit également obtenir l'autorisation du candidat avant de les divulguer à un autre employeur.

Le risque du débauchage

Le chasseur de têtes doit éviter d'être considéré comme complice d'un acte de concurrence déloyale de l'entreprise cliente envers des entreprises concurrentes.

Sur un marché tendu ou en période de plein emploi, les collaborateurs des entreprises sont fortement sollicités par approche directe.

Dans ce contexte où l'entreprise peut être déstabilisée par les "chasses" successives de ses concurrents via les cabinets, un préjudice peut être constaté à la seule condition, et nous entrons ici dans le cadre de la concurrence déloyale, qu'il y ait un débauchage massif de salariés. Ce débauchage massif est caractérisé à partir de deux personnes, mais c'est à l'entreprise qui considère subir le préjudice de le démontrer. La tentative de débauchage suffira, même s'il n'y a pas eu débauchage effectif. Certains ont pu démontrer la concurrence déloyale, quand il y a eu désorganisation de l'entreprise, et ils ont gagné leur procès. Bien sûr ceci est examiné au cas par cas.

Les chasseurs de têtes sont particulièrement visés, car parfois peu d'éléments prouvent que leur objectif n'était pas d'obtenir des informations privilégiées et donc de porter atteinte au concurrent de leur client. C'est pourquoi leurs approches ont tout intérêt à rester d'abord discrètes.

LA RELATION CHASSEUR DE TÊTES / CANDIDAT

Le cabinet représente les intérêts de l'entreprise qui le rémunère mais il reste loyal vis-à-vis du candidat.

Contrairement à l'entreprise cliente et au cabinet, qui sont liés le plus souvent par un contrat, il n'existe entre le cabinet et le candidat aucun lien contractuel.

Le cabinet engage toutefois sa responsabilité civile délictuelle à l'égard du candidat et ce sont les règles du droit commun qui encadreront cette relation.

Le caractère facultatif de certaines questions

Le cabinet se doit, comme l'entreprise, de respecter les règles liées à l'embauche. Le premier exemple est celui de la non-discrimination.

Les questions portant sur les mœurs, la vie personnelle, la santé, le patrimoine, les opinions politiques, l'appartenance syndicale ne peuvent être posées au candidat sauf s'il donne son consentement express ou le communique sur son CV.

Les informations demandées au candidat ne peuvent avoir pour finalité que l'appréciation de sa capacité à occuper l'emploi proposé ou de ses aptitudes professionnelles comme le stipule l'article L121-6 du code du travail.

La Cnil (Commission Nationale de l'Informatique et des Libertés) a de son coté interdit la demande de la photo d'identité, du lieu de naissance, du nom de jeune fille, de la rémunération et des motifs de départ des précédents emplois.

Juridiquement, un cabinet est obligé de vous demander votre autorisation préalable, pour communiquer ce type d'information et précisera le caractère facultatif de certaines de ses questions. Le fait de ne pas y répondre n'entraînera aucune conséquence sur votre candidature.

La prise de références

La prise de références auprès de votre employeur actuel est interdite par la Cnil et tout cabinet sérieux s'interdit de le faire. Elle est également interdite lorsqu'elle s'effectue à votre insu, auprès de vos anciens employeurs.

Un préjudice qui aurait été créé par une information confidentielle communiquée sans votre autorisation devra être réparé par le cabinet (art 1382 du code civil).

La prise de références ne peut donc se faire qu'avec votre accord explicite auprès de vos anciens employeurs.

Les techniques complémentaires

L'utilisation des techniques complémentaires comme les tests et l'analyse graphologique n'est possible que si ces méthodes sont éprouvées et expliquées. Sur sa demande, les résultats sont restitués oralement au candidat. Ce droit lui est acquis.

Le cabinet qui dispose d'un fichier de candidatures (dans lequel figure peut-être la vôtre) se doit de le déclarer à la Cnil sous peine d'amende. L'accès aux données vous concernant pour suppression ou modification fait partie de vos droits.

☞ *Une anecdote : un confrère très professionnel a adressé à la Cnil son questionnaire de candidature pour s'assurer du respect de la loi et s'est rendu compte qu'en enlevant les questions non autorisées, il ne lui restait finalement que peu d'éléments intéressants dans le dossier !*

LA RELATION CANDIDAT / ENTREPRISE

Ce sont encore les règles du droit commun qui s'appliquent dans la relation entre candidat et entreprise. Le futur employeur doit obtenir l'autorisation pour communiquer les informations données en respectant leur confidentialité.

De la même façon, l'employeur doit permettre au candidat un accès à son dossier.

Les questions qui lui sont posées doivent avoir un lien avec l'évaluation des capacités professionnelles et ne doivent pas concerner sa vie privée.

Ainsi une jurisprudence récente a considéré le cas d'une entreprise qui a recruté le conjoint du PDG d'une entreprise concurrente et qui a reproché au chasseur de têtes d'avoir mal effectué sa mission en n'ayant pas communiqué des informations qui se sont révélées préjudiciables à l'entreprise. L'entreprise a perdu son procès vis-à-vis du cabinet car en effet, ces éléments n'avaient pas de liens avec l'évaluation professionnelle et correspondaient à une atteinte à la vie privée (art 9 du code civil).

Vous êtes recruté et vous recevez votre lettre d'engagement

Avant d'établir le contrat de travail, l'entreprise qui vous recrute vous signifie sa décision par l'intermédiaire de la lettre d'engagement. Cette lettre d'engagement va vous permettre de prendre position vis-à-vis de votre employeur actuel.

La lettre d'engagement précise la décision de recrutement, le poste, la qualification, la durée de la période d'essai, la nature du contrat (CDD, CDI), les conditions d'embauche et tous les éléments constitutifs de la rémunération, un délai de prise de poste et la convention collective.

Même si vous ne connaissez pas encore votre date de disponibilité du fait d'un préavis à négocier avec votre employeur actuel, votre futur employeur a tout intérêt, par prudence, à préciser dans la lettre d'engagement une date de résiliation qui préciserait qu'elle n'aurait plus de valeur si elle n'était pas retournée signée dans un délai délimité, par exemple.

Une période faste sur le marché du travail permet au candidat de recevoir plusieurs offres d'engagement alors que l'entreprise ne peut en adresser qu'une seule.

La pratique actuelle de candidats, peu scrupuleux qui ne se présentent pas le jour d'embauche a fortement pénalisé l'entreprise sans qu'elle puisse avoir de recours ; c'est pourquoi elle peut développer cette diligence jusqu'à rajouter que vous engagez toute votre responsabilité au cas où vous ne prendriez pas votre poste le jour précisé.

Et si vous avez une clause de non-concurrence

Bon nombre d'entreprises ont cru se protéger par la mise en place d'une clause de non-concurrence.

Vous l'avez signée dans votre contrat de travail et vous craignez qu'elle puisse s'exercer dans le cas où vous intégreriez une entreprise du même secteur.

Faites examiner votre contrat par un juriste, car les conditions habituelles de mise en œuvre de la clause (sa durée, le territoire géographique sur lequel elle s'exerce, et sa contre-partie financière) peuvent varier en fonction de votre contrat de travail et le cas échéant de la convention collective.

La prudence s'impose car le salarié qui passera outre pourra être attaqué par son employeur à juste titre. Votre nouvel employeur, comme le cabinet de recrutement, qui en le sachant seraient passé outre, peuvent être également poursuivis aussi bien au niveau civil que pénal.

Vous avez donc tout intérêt à le préciser au moment de l'entretien afin de ne pas courir de risques inutiles et vous ne serez pas étonné si votre chasseur de têtes vous le demande !

Même si vous avez une clause de non-concurrence, vous pouvez aussi trouver un arrangement avec votre employeur.

LA DÉONTOLOGIE DE LA PROFESSION

Les pratiques habituelles des cabinets et leurs divergences

Le recensement des conseils en recrutement fait apparaître environ 1200 professionnels sur le marché français en l'an 2002. Est considéré comme conseil en recrutement tout cabinet ayant effectué au moins une recherche dans l'année (source : guide du CERCOMM).

Après une période de disparition de nombreux cabinets dans les années 90, le marché qui s'est redressé a favorisé la création de nouvelles structures, start-ups constituées de toute pièce sur des marchés où les nouvelles technologies les ont favorisées et cabinets créés par des consultants de structures plus importantes désireux de prendre plus d'autonomie.

L'évolution des demandes des entreprises ainsi que celle des technologies de communication ont largement fait évoluer le métier de conseil en recrutement. De véritable conseil qu'il était hier, sachant évaluer la compétence comme l'aptitude à intégrer l'entreprise, il est devenu l'un des moyens d'accéder rapidement à la cible des candidats recherchés.

C'est pourquoi ce marché s'est restructuré poussant d'une part au regroupement de cabinets existants afin de pouvoir investir dans les moyens de recherche adéquats et renforçant la spécialisation des cabinets, de l'autre.

L'embellie économique et la course aux candidats qu'elle provoque développe aussi toutes sortes de pratiques professionnelles. De plus l'internationalisation du marché confronte les méthodes de travail des cabinets à travers le monde.

Dans cette dynamisation du marché de l'emploi, où en est la déontologie des professionnels ?

En France, l'un des premiers critères de déontologie est celui de la recherche confiée contractuellement par l'entreprise au cabinet. S'il y a contrat de recherche, il y a engagement de part et d'autre et respect d'un certain nombre de règles.

Le chasseur de têtes investit dans sa mission le temps nécessaire à une bonne évaluation du besoin de l'entreprise, met en œuvre les moyens (investigations, entretiens...) et dispose la plupart du temps d'un budget d'acompte comme d'un délai pour pouvoir mener correctement sa mission.

Le contrat peut également spécifier au cabinet l'exclusivité de la recherche, ce qui lui garantit encore plus l'engagement de l'entreprise à son égard et lui permettra d'approcher des candidats qui ne sont pas contactés pour le même poste par un confrère. Ce qui est toujours gênant.

Les cabinets qui pratiquent la recherche sans contrat appelée "contingency" s'exposent le plus souvent à travailler sans rémunération, si le recrutement s'opère, par ailleurs. C'est pourquoi leur investissement ne peut être aussi qualitatif puisqu'ils vont privilégier la rapidité à trouver les candidats.

Le "contingency" n'apporte aucune garantie à l'ensemble des parties et peut générer de nombreux écarts vis-à-vis de la déontologie.

Dans ce contexte, pensez-vous que les éléments de confidentia-lité liés à votre candidature soient toujours respectés par exemple ?

☞ *Combien de fois ai-je vu, dans mon expérience de conseil, des entreprises clientes me présenter les CV communiqués par des confrères travaillant de cette façon, sans que les candidats concernés ne le sachent !*

Pensez-vous également que le consultant que vous allez peut-être rencontrer (ou avoir au téléphone) sera aussi soucieux de l'adéquation de votre candidature quand sa rémunération est uniquement liée au résultat ?

Entre un "vendeur de CV" et un véritable "chasseur de têtes" qui peut aussi travailler vite et bien, comment savoir si vous êtes entre de bonnes mains ?

⚠ Un conseil : vérifiez son affiliation à un syndicat !

UNE PROFESSION QUI SE NORMALISE
Pierre Lemahieu
Dirigeant de Pierre Lemahieu Conseil, secrétaire général du syndicat du conseil en recrutement Syntec

Vous êtes en charge de la normalisation de la profession de conseil en recrutement au titre de Syntec, quel est l'enjeu de ce dossier ?

La norme s'est officialisée fin 2001, elle a pour but d'harmoniser l'ensemble des pratiques de la profession afin de maintenir un niveau de déontologie élevé et de se distinguer des autres courants qui se sont développés ces dernières années comme par exemple le "sourcing" sans évaluation de l'adéquation réelle du candidat au besoin de l'entreprise.

Les cabinets qui pratiquent le sourcing de CV ne peuvent apporter aucune garantie que le consultant qui a rencontré le client ait réellement vu le candidat présenté... Autant de pratiques qui vont à l'encontre de l'établissement d'un réel partenariat entre l'entreprise et le cabinet sur le plan du conseil.

La norme concerne trois points essentiels

- La définition de **la notion de conseil** auprès de ses clients que sont les candidats et les entreprises, pour se distinguer de la notion de prestation de services pure.
- **Les techniques de recherche**, le savoir-faire technique de la profession dans le sourcing.

- **Les techniques d'évaluation** des candidats

La définition de la norme NF a été menée par des groupes de travail composés de candidats, d'entreprises et de consultants adhérents de Syntec. Elle répond aux besoins et aux attentes des uns et des autres puis a été validée par l'Afnor.

Cette norme NF est applicable à l'ensemble de la profession, tout cabinet est potentiellement postulant à la certification. Les audits valideront la conformité à la norme de tout le processus: de la définition du poste jusqu'à l'intégration du candidat dans l'entreprise... et confirmeront que les engagements de qualité et de moyens sont bien respectés.

À long terme il sera nécessaire d'apporter la qualité que les spécialistes du sourcing pur n'apportent pas, par exemple. Dans bon nombre de circonstances l'entreprise a besoin de conseils et est prête à s'engager en signant des contrats pour cela. La banalisation sera dans le "contingency".

Une usine avec de mauvaises machines, de mauvaises procédures et de mauvais ouvriers ne fera jamais de bons produits. A l'inverse, un cabinet avec de mauvaises procédures peut toujours présenter un bon candidat, mais dans la durée, l'accompagnement, le conseil apporté, le partenariat créé font la vraie différence.

Le syndicat professionnel Syntec,
garant d'une déontologie

La profession des "chasseurs de têtes" s'est organisée à travers des syndicats professionnels, qui se sont réunis au sein du syndicat du conseil en recrutement Syntec (fusion de la CSNCR - Chambre Syndicale Nationale des Conseils en Recrutement, de Syntec et de l'Aprocerd).

Cent cinquante cabinets de recrutement font maintenant partie du syndicat et représentent la moitié du chiffre d'affaires de la profession.

Le fer de lance de ce syndicat professionnel notamment dans la défense de la profession, est de faire appliquer scrupuleusement par ses adhérents la charte de déontologie. Cette charte de déontologie précise les pratiques du conseil en recrutement dans le respect du candidat comme de l'entreprise cliente, tient compte non seulement de la législation en vigueur mais aussi de la façon de travailler du conseil en recrutement.

La grande part du temps consacré par les adhérents à la défense de la profession dans ce contexte a pour fil conducteur la qualité et la déontologie.

☞   *Les règles d'adhésion sont strictes, précise Pierre Lemahieu, secrétaire général du syndicat dans le cadre de la commission d'adhésion :*

"Le cabinet postulant remplit un dossier complet intégrant les éléments chiffrés de son activité, les dossiers clients et candidats, les contrats (le syndicat s'oppose au contingency), les CV du personnel... et exige la pratique de la profession depuis au moins trois ans. S'il y a des doutes sur la compétence ou sur la pratique professionnelle, le dossier sera rejeté.

> *De plus, il arrive que des candidats comme des entreprises clientes se plaignent d'un cabinet. S'il fait partie du syndicat, plusieurs plaintes contribueront à préparer un dossier d'exclusion dont la décision relève du conseil d'administration.*

L'adhésion à Syntec ne pouvait être effective qu'avec la qualification OPQCM (Office Professionnel de Qualifications des Conseils en Management) qui regroupe une partie des garanties requises par le syndicat auxquels s'ajoutent des témoignages clients.

Certains cabinets sont certifiés ISO 9001 ou 9002 et le syndicat du conseil en recrutement Syntec a engagé la normalisation de la profession avec la norme NF AFNOR, qui ne pourra être qu'une garantie supplémentaire pour ses utilisateurs.

L'adhésion du chasseur de têtes à Syntec, bientôt sa certification AFNOR doit être pour vous, candidat, un des critères qui attestent le professionnalisme du chasseur de têtes.

LES GARANTIES DE QUALITÉ
Francois Humblot
Ex-président du syndicat du conseil en recrutement Syntec,
président du directoire de Humblot-Grant Alexander

Quel intérêt d'être en relation avec un cabinet adhérent Syntec ?

Le fait que le cabinet soit adhérent Syntec est un gage de sérieux et de professionnalisme. Cela veut dire qu'il est reconnu par sa profession.

Le syndicat est sollicité parfois comme arbitre dans des relations candidat / consultant et il intervient directement auprès du cabinet dans le cas ou celui-ci fait partie de ses adhérents.

Pour les entreprises clientes des cabinets, c'est aussi un gage de sécurité, nous avons élaboré par exemple des conditions générales de vente qui permettent d'établir une relation claire entre les adhérents et leurs clients…

L'admission au syndicat requiert des critères professionnels donnant la garantie de sérieux du cabinet et des consultants. Même si le syndicat est représentatif, tous les cabinets n'y adhèrent pas. Nous représentons, à nous tous, environ un milliard et demi de francs de chiffre d'affaires, soit environ 50% du marché du conseil en recrutement évalué à trois milliards.

Par rapport à nos critères d'adhésion, il faut distinguer les cabinets qui assurent de la prestation de services basique qui ne sont pas nos adhérents et les véritables conseils en recrutement qui eux assurent la recherche, le conseil au client et au candidat et l'évaluation.

Par ailleurs les serveurs pour l'emploi sont aussi en lien avec notre marché mais avec des prestations de simple mise en relation entre une offre et un candidat.

Comment le candidat peut-il distinguer le vrai conseil du prestataire de services basique ?

Essentiellement par la connaissance qu'a le consultant de son client, de son environnement interne et externe… On peut détecter le consultant qui s'est appuyé sur une définition de poste rapide et qui n'a même pas rencontré le client. Une fois en relation avec l'entreprise qui recrute, le candidat peut encore plus mesurer l'écart entre le discours et la réalité !

On peut aussi mesurer la qualité du consultant à sa capacité en fin d'entretien à mesurer l'adéquation du candidat au poste et à lui donner un retour pertinent.

Un candidat est capable par la justesse de ses questions de mesurer la qualité de son consultant.

Peut-on rapprocher la qualité du consultant de celle du client ?

Un bon consultant se doit de rester objectif dans ses évaluations professionnelles, il n'a pas intérêt à faire rentrer un candidat surdimensionné dans une entreprise moyennement attractive.

Conclusion

J'espère que ce livre vous a permis de recenser l'essentiel des pratiques des chasseurs de têtes et que vous avez en main les clés qui vous donnent une meilleure compréhension de leur rôle dans vos futurs recrutements.

En vous mettant à la place du chasseur de têtes, par la compréhension de sa mission, vous adapterez votre communication pour être plus efficace.

J'ai cherché à vous faire partager un métier qui nécessite beaucoup de professionnalisme et qui se base, avant tout, sur la qualité de relation entre les hommes et les femmes qui sont les partenaires d'une future association.

C'est aussi un métier de passion qui nous permet de vous rencontrer à des moments stratégiques de votre vie. Vous pouvez tirer bénéfice de cette période riche de contacts et d'opportunités ; je vous souhaite de bien l'utiliser.

En pratique

LES PRINCIPAUX SITES D'EMPLOI
ÉTUDE PUBLICORP (NOVEMBRE 2001)

Les sites généralistes

www.anpe.fr

www.apec.asso.fr

www.cadremploi.fr

www.cadresonline.com

www.monster.fr

www.emailjob.com

www.jobpilot.fr

www.stepstone.fr

www.cybersearch.fr

Les sites spécialisés

Informatique : www.jobuniverse.fr

Audiovisuel : www.ina.fr

Juridique : www.village-justice.com

Etudiants : www.letudiant.fr

Nouvelles technologies : www.01net.fr

Industrie : www.usinenouvelle.fr

Commerce, marketing : www.lexpress.fr

Finance : www.jobfinance.fr

Communauté étudiante : www.etnoka.fr

Grandes écoles et universités : www.Talentcampus.fr

Ressources humaines : www.rhjob.fr

High-tech : www.lesjeudis.com

Marketing et commercial : www.lve.fr

Numérique, multimédia : www.erecrut.fr

Informatique, télécoms : www.emploicenter.com

Nouvelles technologies, commerce, free-lance : www.webcible.com

Les sites généralistes

www.anpe.fr

Positionnement du site

Site généraliste dont la vocation est de favoriser un retour rapide des demandeurs d'emploi sur le marché du travail

Appartenance

Site de l'Agence Nationale Pour l'Emploi (Ministère de l'Emploi et de la Solidarité)

Chiffres clés : Octobre 2001 – Source NetValue

Nb d'annonces	119.000
Nb de visiteurs / mois	2.250.000
Nb de pages vues / mois	115 000 000
Durée de parution des offres	Variable : de 18 à 21 jours

Candidathèque

Nb de CV	Pas de candidathèque nationale. Candidathèque expérimentale dans la région Nord-Pas- de-Calais : 370
Profil des candidats inscrits	NC

Services proposés aux candidats (gratuits)

- Consultation des offres d'emploi
- Push d'annonces sur le mail du candidat (nouveau)

Services proposés aux entreprises (gratuits)

- Dépôt d'annonce et consultation libre de CV seulement possible dans le Nord Pas de Calais avant déploiement national
- Service "e-candidature" de sélection et de gestion des candidatures dans certains secteurs et certaines régions

Espace éditorial

- Actualité de l'emploi à travers la presse
- Manifestations relatives à l'emploi (forums et salons)
- Information sur les mesures et les aides à l'emploi, les adresses des services ANPE…

Espaces de communication proposés : aucun

Nos commentaires

- Important site généraliste n'ayant pas de vocation commerciale : l'accès aux services est gratuit aussi bien pour le candidat que pour l'entreprise
- Volume très important d'annonces
- Après consultation des offres d'emploi, le candidat est obligé de contacter l'ANPE par courrier qui transmet ensuite à l'entreprise

www.apec.asso.fr

Positionnement du site

Site généraliste destiné aux cadres confirmés et futurs cadres jeunes diplômés

Appartenance

Site de l'Agence Nationale Pour l'Emploi des Cadres – Association loi 1901

Chiffres clés : Octobre 2001 - Source DART Double Click

Nb d'annonces	9.769
Nb de visiteurs / mois	404.000
Nb de pages vues / mois	11.000.000
Durée de parution des offres	30 jours

Candidathèque

Nb de CV	40.000
Profil des candidats inscrits	NC

Services proposés aux candidats (gratuits)

- Consultation des offres d'emploi
- Consultation des offres de formation
- Enregistrement de CV
- Enregistrement d'offres de compétences
- Recherche multicritères
- Envoi automatique d'annonces sur le mail du candidat

Services proposés aux entreprises (payants)

- Espace de consultation et de gestion des CV
- Salon virtuel permettant une mise en avant très détaillée des caractéristiques de l'entreprise (identité, structure, organisation, activités, produits, marché, historique, perspectives…)

• Dépôt des offres de formation pour les organismes de formation

Espace éditorial

• Informations marché

• Evénements (forums, salons)

• Enquêtes...

Espaces de communication proposés

• Publicité sur la Home Page uniquement (1 bouton)

• Salon virtuel

Nos commentaires

• Important site non commercial à destination des cadres

• Très forte notoriété due notamment à son caractère institutionnel

• Abondante information économique accessible en ligne (fiches secteurs)

www.cadremploi.fr

Positionnement du site

Site généraliste destiné principalement aux cadres et assimilés cadres débutants ou expérimentés

Appartenance

Filiale de PubliPrint. Partenariat presse *Le Figaro*, *Le Monde*, *Les Echos*, 250 cabinets de recrutement et 16 agences de communication RH

Chiffres clés : Octobre 2001 - Cybermétrie

Nb d'annonces	10.400
Nb de visiteurs / mois	950.000
Nb de pages vues / mois	11.000.000
Durée de parution des offres	30 jours

Candidathèque

Nb de CV	70.000
Profil des candidats inscrits	Direction générale, centre de profits 5% Informatique, Télécom 12% Production, Logistique, Achat, Santé 25% Administration, Gestion, Finance, Personnel, Juridique 28% Commercial, Marketing, Communication 31%

Services proposés aux candidats (gratuits)

- Dépôt de CV
- Consultation des offres
- Espace personnel de recherche multicritères, renvoi automatique des offres correspondantes sur le mail du candidat

Services proposés aux entreprises (payants)

- Dépôt d'offres
- Consultation de CV désormais ouverte aux entreprises (initialement réservée aux cabinets)
- Gestion des offres
- Gestion des candidatures
- Statistiques relatives aux offres diffusées

Espace éditorial

- Actualité de l'emploi et des RH
- Enquêtes
- Conseils de gestion de carrières
- Conseils CV
- Salons professionnels
- Bibliothèque…

Espaces de communication proposés

- Boutons logo
- Bannières publicitaires
- Plaquettes virtuelles d'entreprise
- Liens rédactionnels sur la page d'accueil

Nos commentaires

- Importante notoriété (communication TV), très forte audience et très important volume d'offres en ligne
- Les offres d'emploi diffusées sur Cadremploi sont gratuites si elles ont été publiées dans au moins un des titres partenaires (Le Figaro Economie, Le Monde, Le Dauphiné Libéré, Le Progrès de Lyon, L'Union de Reims, Paris-Normandie…). Elles sont payantes lorsqu'elles sont parues dans un autre titre
- Importants moyens d'auto-promotion

www.cadresonline.com

Positionnement du site

Site généraliste destiné aux cadres

Appartenance

Filiale de Havas numérique (Vivendi Universal)

Chiffres clés : Octobre 2001 - Cybermétrie

Nb d'annonces	6.500
Nb de visiteurs / mois	554.000
Nb de pages vues / mois	6.350.000
Durée de parution des offres	30 jours

Candidathèque

Nb de CV	NC
Profil des candidats inscrits	NC

Services proposés aux candidats (gratuits)

- Consultation des offres d'emploi
- Dépôt de CV uniquement dans le cadre de réponse aux offres pour le moment.
- Recherche multicritères, renvoi automatique des offres correspondantes sur le mail du candidat

Services proposés aux entreprises (payants)

- Dépôt d'annonces en couplage avec la presse
- Evaluation du rendement de chaque offre grâce à un tableau de bord mis à jour en temps réel
- Tableaux de présélection présentant les CV de manière synthétique
- Gestion de réponses aux candidatures

Espace éditorial

- Actualité du jour
- Agenda des forums et salons emploi
- Librairie
- Enquêtes, études
- Annuaires entreprises…

Espaces de communication proposés

- Boutons sur la page d'accueil

- Boutons sur la page "Les entreprises qui recrutent", "top recruteurs"
- Bannières publicitaires
- Mise en avant des offres : logo et mise en tête de liste...

Nos commentaires

- Important site à destination des cadres mais également des non-cadres
- Site emploi parmi les plus visités
- Force du Groupe Havas
- Les offres d'emploi diffusées sur Cadres Online doivent avoir été préalablement diffusées dans au moins un des titres presse ou sites internet partenaires (*Stratégies, Le Parisien, L'Equipe, L'Express, lexpress.fr, L'Usine Nouvelle*, usinenouvelle.fr, *01 Informatique*, 01net.com, *Le Monde, Ouest France, Sud Ouest, LSA, Le Moniteur, La France Agricole, L'Argus, Property Week et Building*). La diffusion se fait *via* ces supports.
- Importants moyens de promotion et d'auto-promotion

www.monster.fr

Positionnement du site

Site généraliste

Appartenance

Réseau international Carrières Monster du groupe TMP Worldwide (USA)

Chiffres clés France : Septembre 2001 - Source Nielsen I Pro

Nb d'annonces	7.300
Nb de visiteurs / mois	775.000
Nb de pages vues / mois	10.000.000
Durée de parution des offres	60 jours

Candidathèque

Nb de CV	300.000
Profil des candidats inscrits	Informatique, Réseaux, Télécom 26% Commercial, Vente, Distribution 23% Marketing, Communication 12% Gestion, Audit, Finance 13%

Services proposés aux candidats (gratuits)

- Dépôt de CV
- Consultation d'annonces

- Espace personnel ("My Monster") de recherche multicritères, mémorisation de critères de recherche (agents recruteurs) et renvoi automatique d'une alerte sur le mail du candidat lorsque des annonces correspondent à la recherche. Gestion des CV (jusqu'à 5) et gestion des candidatures.
- Emissions de recrutement ("Monster cast") au cours desquelles des entreprises expliquent leur politique de recrutement sous la forme d'un entretien vidéo et d'un forum de discussion en direct
- Forum de discussion entre candidats

Services proposés aux entreprises (payants)

- Dépôt d'annonces
- Consultation de CV
- Gestion des CV (transfert aux collaborateurs et annotations)
- Espace personnel ("Le coin du recruteur") permettant : la réception des candidatures et analyse des rendements, la création de profils d'alerte pour être prévenu par email dès qu'un nouveau CV correspond aux critères, l'annotation des CV sélectionnés, l'administration automatique des lettres de réponse, le routage des CV vers des collègues ou d'autres entreprises
- Forum de discussion entre recruteurs...

Espace éditorial

- Actualité emploi, RH
- Lettre d'information
- Aide à la recherche de stage pour les jeunes diplômés
- Conseils de carrière...

Espaces de communication proposés

- Boutons logo
- Bannières publicitaires
- Plaquettes synthétiques ou détaillées dans la rubrique "Entreprise à la une"
- Emissions en ligne de présentation de l'entreprise, de sa politique RH et des postes proposés
- Sponsoring du sondage
- Enregistrement d'émissions en ligne ("Monster webcast")

Nos commentaires

- Important site emploi généraliste en expansion

- Présence forte à l'international (USA, Australie, Canada…) et en Europe
- Achat de Hotjobs et Jobline en 2001
- Outils de gestion des candidatures ou des offres sophistiquées
- Importants moyens marketing et publicitaires grand public

www.emailjob.com

Positionnement du site

Site généraliste

Appartenance

Filiale du Groupe Miller Freeman (organisateur de salons professionnels)

Chiffres clés : Juin 2001 – Source commerciale

Nb d'annonces	12.000
Nb de visiteurs / mois	700 000
Nb de pages vues / mois	7 000 000
Durée de parution des offres	30 jours

Candidathèque

Nb de CV	67.000
Profil des candidats inscrits	Informatique, Télécom 25% Commerce, Marketing 19% Industrie, Electronique, Mécanique 4% Comptabilité, Gestion, Finance 8% Secrétariat, Administration 11%

Services proposés aux candidats (gratuits)

- Dépôt de CV
- Consultation d'annonces
- Espace personnel de recherche
- Recherche multicritères
- Mémorisation de critères de recherche et réception automatique des annonces correspondant à la recherche
- Push d'annonce (annonce dans son intégralité : texte offre + coordonnées recruteur…
- Forum de discussion

Services proposés aux entreprises (payants)

- Dépôt d'annonces et envoi par email aux candidats abonnés

- CVthèque
- Réception par e-mail des CV qui intéressent l'entreprise ("Le Chasseur de candidats")
- Espace Recruteur (crédit d'offres, offres parues, nombre d'envois, dates d'expiration)
- Forum de discussion
- Charte graphique…

Espace éditorial

- Lettre d'information
- Revue de presse
- Conseils sur la rédaction du CV et de la lettre de motivation
- Information sur le droit du travail

Espaces de communication proposés

- Bannières publicitaires
- Boutons logos
- Lien vers les annonces des entreprises correspondantes ou vers les sites des entreprises
- Plaquette institutionnelle (courte) de présentation d'entreprise, pop-up, vampirisation de la page d'accueil…

Nos commentaires

- Forte notoriété – campagnes publicitaires importantes (TV)
- Important site emploi généraliste français capitalisant sur l'efficacité de son service "Push mailing"
- Politique tarifaire compétitive
- Services complets pour les entreprises et les candidats
- Actions marketing et publicitaires grand public (presse, télévision…)

www.jobpilot.fr

Positionnement du site
Site généraliste
Appartenance
Société Job & adverts (Allemagne)

Chiffres clés : Octobre 2001 – Source ABC Interactive

Nb d'annonces	6.700
Nb de visiteurs / mois	850.000
Nb de pages vues / mois	7.200.000
Durée de parution des offres	30 jours

Candidathèque

Nb de CV	31.800
Profil des candidats inscrits	IT/Télécoms 14,0%
	Professions Techniques 12,4%
	Vente/Distribution 9,3%
	Marketing communication 7,7%
	Conseil 6,5%
	RH 6,2%
	Direction/Management 6,0%
	Achat/Logistique 6,0%
	Organisation/Administration/Droit 5,9%
	Autres 26,1%

Services proposés aux candidats (gratuits)

- Dépôt de CV
- Consultation d'offres d'emploi et de stage
- Espace personnel de recherche
- Recherche multicritères
- Mémorisation de critères de recherche ("My Job Pilot") et envoi automatique des annonces correspondants sur le mail du candidat…

Services proposés aux entreprises (payants)

- Dépôt d'offres d'emploi et de stage
- Consultation de cv (abonnement mensuel : consultation illimitée)
- Recherche par critères et mots clés
- Statistiques de consultation
- Suivi en temps réel de cv, solution ASP…

Espace éditorial

- Actualité et nouveautés du site
- Revue de presse
- Annonces à pourvoir dans l'urgence ("Dernière minute")
- Service international…

Espaces de communication proposés

- Bannières publicitaires fixes ou en rotation

- Boutons logos avec liens vers les annonces de l'entreprise (seules les annonces comportent des liens vers les sites entreprises)
- Plaquette institutionnelle de présentation d'entreprise ("Profils d'entreprises"), pop-up, publi reportage…

Nos commentaires

- Important site emploi généraliste à dimension européenne (>90.000 offres internationales)
- Sélection par mots clés avec texte intégral
- Services développés (charte annonce possible, image, …)
- Nombreuses actions de communication (on-line, salons, partenariats…)

www.stepstone.fr

Positionnement du site

Site généraliste à vocation internationale

Appartenance

Stepstone (Norvège) leader en Scandinavie

Chiffres clés (France) : Octobre 2001 – Source commerciale

Nb d'annonces	2.500
Nb de visiteurs / mois	253.000
Nb de pages vues / mois	2.900.000
Durée de parution des offres	30 jours

Candidathèque

Nb de CV	70.100	
Profil des candidats inscrits	Ingénieurs et Consultants High tech	26%
	Marketing	20%
	Gestion, Finance	10%
	Production, Industrie	10%

Services proposés aux candidats (gratuits)

- Dépôt de CV
- Consultation d'offres d'emploi (entrée spécifique jeunes diplômés)
- Recherche multicritères
- Mémorisation de critères de recherche et renvoi automatique des annonces retenues sur le mail du candidat ("Agent de prospection")

Services proposés aux entreprises (payants)
- Dépôt d'offres d'emploi
- Consultation de CV
- Recherche par critères…

Espace éditorial
- Conseil à la recherche d'emploi (CV, lettre de motivation, entretien…)
- Information étudiants (stages, formations, emplois d'été…)
- Informations économiques et salons

Espaces de communication proposés
- Bannières animées en page d'accueil ou catégorie
- Présentation d'entreprise et mini-sites
- *Live chat*
- Salon virtuel («Présentation d'Entreprises") : boutons logos renvoyant à une page d'information sur l'entreprise

Nos commentaires
- Site lancé en 1999
- Réseau européen
- Rachat de Réservoirjob
- A noter : une rubrique d'offres d'emploi spécial jeunes diplômés

www.cybersearch.fr

Positionnement du site
Site généraliste conçu sous la forme d'un salon permanent du recrutement (service de consulting)

Appartenance
Filiale de la Banque Centrale du Recrutement

Chiffres Clés (France) : Octobre 2001 – Source commerciale

Nb d'annonces	15.000
Nb de visiteurs / mois	180.000
Nb de pages vues / mois	1 000 000
Durée de parution des offres	Variable : système de forfait

Candidathèque

Nb de CV	NC
Profil des candidats inscrits	NC

Services proposés aux candidats (gratuits)

- Enregistrement d'un badge (CV miniature comprenant des critères de recherche 10 mn de saisie)
- Affichage des stands correspondant aux critères de recherche
- Réponse automatique à partir des stands consultation des offres d'emploi ("push de CV")
- Service de renvoi automatique des annonces retenues sur le mail du candidat

Services proposés aux entreprises (payants)

- Création d'un stand d'exposition
- Dépôt d'offres d'emploi
- Consultation de CV sur place ou service de renvoi automatique sur email
- Service consulting (approche directe…)
- Délégation de personnel RH…

Espace éditorial

- Test psychologique
- Annuaire des stands

Espaces de communication proposés

- Stand de présentation synthétique de l'entreprise avec lien vers le site institutionnel
- 30 boutons sur la totalité du sites…

Nos commentaires

- Un site initialement spécialisé dans l'informatique qui se généralise progressivement
- Un site conçu comme un salon d'exposition sous forme d'espaces sectoriels (espace communication, espace informatique…)
- La candidat va directement dans l'espace qui l'intéresse et fait sa recherche, ce qui permet de diminuer la consultation d'annonces sans rapport avec ses critères – Son CV peut alors être pushé vers les entreprises qui l'intéressent.

Les sites spécialisés

www.jobuniverse.fr

Positionnement du site

Site spécialisé dans l'emploi informatique

Appartenance

Groupe IDG (filiale de PUBLICIS) : *Le Monde Informatique, Create, Réseaux et Télécoms, Langages et Systèmes, Distributique, Linux World, Infos PC, Computerworld, Infoworld, NetworkWorld …*

Chiffres clés : Septembre 2001 – source : service commercial Jobuniverse

Nb d'annonces	100
Nb de visiteurs / mois	16.000
Nb de pages vues / mois	150.000
Durée de parution des offres	60 jours

Candidathèque

Nb de CV	Pas de cvthèque
Profil des candidats inscrits	Pas de cvthèque

Services proposés aux candidats (gratuits)

- Consultation des annonces : recherche par critères région, type de contrat et mots-clés
- Possibilité de transmettre plusieurs annonces sélectionnées vers une adresse e-mail
- Push d'annonce (annonces complètes + coordonnées du recruteur)

Services proposés aux entreprises (payants)

- Dépôt d'annonce

Espace éditorial

- Sélection d'articles parus dans LMI
- Informations emploi par région
- Informations salaires, formation, jeunes diplômés, chiffres, international, bibliographie, compétences, indépendants, portraits
- Calendrier des salons et forums LMI

Espaces de communication proposés

- Boutons, bannières, Logo en lien avec le site RH ou institutionnel ou les offres sur le site
- Interview video
- Sponsoring Newsletter

Nos commentaires

- Offres de couplage avec les sites éditoriaux et titre presse du groupe IDG offertes aux recruteurs.

www.ina.fr

Positionnement du site

Site d'information et de présentation de l'INA comportant un espace emploi multimedia. Cette bourse à l'emploi est également accessible depuis *Télérama* qui a repris sa gestion et sa commercialisation.

Appartenance

Institut National de l'Audiovisuel. La bourse à l'emploi est commercialisée par *Télérama*.

Chiffres Clés : Octobre 2001 – Source service commercial *Télérama*

Nb d'annonces	486
Nb de visiteurs / mois	147 000
Nb de pages vues / mois	1 200 000
Durée de parution des offres	45 jours

Candidathèque

Nb de CV	Pas de cvthèque
Profil des candidats inscrits	Pas de cvthèque

Services proposés aux candidats (gratuits)

- Consultation d'annonces
- Recherche multicritères

Services proposés aux entreprises (payants)

- Dépôt d'annonces – logo en option

Espace éditorial

- Espace éditorial de l'INA ou *Télérama* suivant le site par lequel le candidat a accès
- Mise en place d'un accès direct à la bourse à l'adresse www.bale.fr

Espaces de communication proposés
- Bouton « Annonce de la semaine »
- Bannière

Nos commentaires
- Forte notoriété auprès de la cible multimédia
- Sérieux et crédibilité d'un organisme public

www.village-justice.com

Positionnement du site
Site d'information et d'emploi pour les professions juridiques

Appartenance
Société Légiteam

Chiffres clés : Septembre 2001 – Chiffres certifiés par Weborama

Nb d'annonces	210
Nb de visiteurs / mois	41.500
Nb de pages vues / mois	365.000
Durée de parution des offres	90 jours maximum

Candidathèque

Nb de CV actifs	820
Profil des candidats inscrits	juristes

Services proposés aux candidats (gratuits)
- Consultation d'annonces par critères « rubrique » et mots-clés
- Push d'annonce (Alerte)
- Possibilité de déposer une demande d'emploi

Services proposés aux entreprises (gratuits)
- Dépôt d'annonces
- Consultation des demandes d'emploi

Espace éditorial
- Liste des cabinets spécialisés en recrutement de juristes
- Service de CV assisté
- Grille de rémunérations
- Point du marché de l'emploi…

Espaces de communication proposés

• Bannière

Nos commentaires

• Site gratuit pour les entreprises

• Site niche pour l'emploi des juristes

• Site d'information avant d'être un site d'emploi

www.letudiant.fr

Positionnement du site

Information sur l'emploi à destination des étudiants et des jeunes diplômés

Appartenance

Groupe L'Etudiant. Site du titre presse *L'Etudiant*.

Chiffres clés : Juin 2001 – Source : service commercial de letudiant.fr

Nb d'annonces	Annonces 1er emploi et stage de Cadresonline
Nb de visiteurs / mois	167.000
Nb de pages vues / mois	NC
Durée de parution des offres	-

Candidathèque

Nb de CV	Pas de candidathèque
Profil des candidats inscrits	Pas de candidathèque

Services proposés aux candidats (gratuits)

• Information

• Consultation des offres d'emploi (offres 1er emploi et stage de Cadresonline)

Services proposés aux entreprises

• Offres de 1er emploi et stage de Cadresonline en marque blanche

Espace éditorial

• Actualité

• Guide des entreprises qui recrutent

• Aide à la recherche d'emploi (CV, lettre, entretien)

• Agenda de l'emploi…

Espaces de communication proposés

- Stand virtuel (fiche chartée, offres d'emploi, interview du DRH, lien hypertexte)
- Parrainage d'une rubrique
- Opération spéciale : Vidéo-Interview du recruteur
  Couplage possible des prestations avec Cadresonline
- Bannière publicitaire

Nos commentaires

- Site intéressant par son lien avec le titre presse.
- Pas de dépôt d'offres en direct sans recours au « stand »

www.01net.fr

Positionnement du site

Portail éditorial proposant un important contenu rédactionnel et d'information sur les nouvelles technologies. 01net permet en particulier d'accéder à de nombreux articles dont ceux parus dans les titres presse partenaires (*01informatique, 01Réseaux, Décision, Internet Professionnel, Micro Hebdo, Newbiz, Le Nouvel Hebdo, L'Ordinateur Individuel*).

Appartenance

Groupe Tests. (1er groupe d'information français dédié aux nouvelles technologies Editeurs de *01informatique, Newbiz* etc.)

Chiffres clés : Septembre 2001 – Source Cybermétrie

Nb d'annonces	+ 300
Nb de visiteurs / mois	557 095
Nb de pages vues / mois (en rubrique emploi)	675 116
Durée de parution des offres	4 semaines

Chiffres d'audience de 01net général.

Candidathèque

Nb de CV	Pas de candidathèque actuellement commercialisée
Profil des candidats inscrits	Pas de candidathèque actuellement commercialisée

Services proposés aux candidats (gratuits)

- Consulter les offres
- Push (Alerte)
- Enregistrer un CV

- Tableau de bord (historique des candidatures, …)…

Services proposés aux entreprises (payants)

- Service et mises en ligne des offres reprise automatique des offres des titres presse partenaires (*01informatique*)
- Offres visibles également depuis Cadresonline
- Poste en tête de liste et mise en avant dans la recherche des offres

Espace éditorial

- Très important contenu éditorial, archive des articles parus dans la presse.
- Editorial emploi : Métiers clés, actualités, guide des formations, salons

Espaces de communication proposés

- Boutons et bannières
- Page présentation entreprise
- Mini site
- Publi information
- Pavé
- Sponsoring push et newsletter
- Pop-up, "Out of the box", skyscraper, vidéo…
- Possibilité de couplage de certaines visibilités sur le site de Cadresonline

Nos commentaires

- Forte audience ciblée du site même si l'audience de 01net doit être différenciée de l'audience de sa rubrique emploi. Reprise des annonces de la presse et double visibilité avec Cadresonline.

www.usinenouvelle.fr

Positionnement du site

Dédié au monde l'industrie

Appartenance

Site du titre presse *L'Usine Nouvelle*

Chiffres clés : Septembre 2001 Source commerciale

Nb d'annonces	+200
Nb de visiteurs / mois	81 000
Nb de pages vues / mois	1 200 000
Durée de parution des offres	30 jours

Candidathèque

Nb de CV	Non
Profil des candidats inscrits	-

Services proposés aux candidats (gratuits)

- Consultation des offres
- Push (Alerte)
- Espace personnel (création e-mail, newsletters), forums
- Calcul des salaires

Services proposés aux entreprises (payants)

- Service et mises en ligne des offres, reprise automatique des offres du titre presse

Espace éditorial

- Espace éditorial complet sur l'actualité de l'industrie (revue de presse, dossiers)
- Fiches produits, annuaire
- Information sur les salons
- Newsletter

Espaces de communication proposés

- Publi-information, « top recruteur »…

Nos commentaires

- Force du couplage avec Cadresonline

www.lexpress.fr

Positionnement du site

Rubrique emploi spécialisé dans les métiers du Commerce, Marketing

Appartenance

- Site du titre presse *L'Express* – quotitien national
- Partenariat avec Cadresonline (groupe Havas)

Chiffres clés : Mai 2001 – Source Cybermétrie

Nb d'annonces	+300
Nb de visiteurs / mois	1 200 000 (lexpress.fr)
Nb de pages vues / mois	500 000 (lexpress.emploi)
Durée de parution des offres	30 jours

Candidathèque

Nb de CV	En cours de constitution
Profil des candidats inscrits	NC

Services proposés aux candidats (gratuits)

- Consultation des offres
- Push (Alerte)
- Forum

Services proposés aux entreprises (payants)

- Service et mises en ligne des offres, reprise automatique des offres du titre presse

Espace éditorial

- Espace conseils recrutement (formation continue, entretiens, expatriation, mobilité…)
- Rubriques actualités de l'emploi très complètes (marché de l'emploi, salaires, carrière

Espaces de communication proposés

- Les entreprises qui recrutent
- Bannières, boutons, publi-informations, vidéos interactives, pop-up
- Possibilité de couplage avec Cadresonline

Nos commentaires

- L'Express emploi bénéficie de la notoriété du titre presse ainsi que de la visibilité de Cadresonline

www.jobfinance.fr

Positionnement du site

Site emploi spécialisé Finance

Appartenance

Site édité par RH-Interactive

Chiffres clés : Octobre 2001 – Source commerciale

Nb d'annonces	3 400
Nb de visiteurs / mois	45 000
Nb de pages vues / mois	380 000
Durée de parution des offres	45 jours

Candidathèque

Nb de CV	3 864
Profil des candidats inscrits	NC

Services proposés aux candidats (gratuits)

- Consultation des offres d'emploi
- Enregistrement de CV
- Envoi automatique des offres sur le mail du candidat
- Participation à des forums
- Outils d'aide à la recherche d'emploi (rédaction CV, lettre motivation, entretien…)

Services proposés aux entreprises (payants)

- Gestion des offres
- Dépôt des offres
- Espace de consultation/gestion cvthèque

Espace éditorial

- Actualité de l'emploi et du secteur finance
- Revue de presse
- Agenda de la profession

Espaces de communication proposés

- Boutons, bannières, profil entreprise, publi-reportage
- Diffusion vidéo en ligne…

Nos commentaires

- RH interactive édite aussi Jobvente.com, site spécialisé dans la vente et le marketing

www.etnoka.fr

Positionnement du site

Plate-forme communautaire étudiante

Appartenance

Etnoka (filiale du groupe CA communication et du cabinet de recrutement Arthur Hunt)

Chiffres clés : Septembre 2001 – Source commerciale

Nb d'annonces	NC
Nb de visiteurs / mois	140 000
Nb de pages vues / mois	3 500 000
Durée de parution des offres	60 jours

Candidathèque

Nb de CV	NC
Profil des candidats inscrits	NC

Services proposés aux candidats (gratuits)

- Consultation des offres et stages
- Dépôt CV
- Rubrique d'aide pour la recherche d'emploi
- Adresse e-mail gratuite, service agenda, carnets d'adresses…

Services proposés aux entreprises (payants)

- Dépôt des offres
- Recherche dans la Cvthèque
- Gestion des candidatures

Espace éditorial

- Actualité de la communauté
- Jeux concours
- Bons plans hors emploi….

Espaces de communication proposés

- Bandeaux, e-mailing, présentation de l'entreprise, salon virtuel (possibilité pour le candidat de poser des questions), offres terrain (affiches, flyers, phoning, mailing associations, rencontres….)

Nos commentaires

- Présence d'un réseau important dans les écoles
- Etnoka a récemment fusionné avec Skilia.com

www.Talentcampus.fr

Positionnement du site

Site dédié aux étudiants des grandes écoles et université

Appartenance

Talent Manager (société basée à Milan)

Chiffres clés : Septembre 2001 – Source commerciale

Nb d'annonces	350 dont 290 offres de stage
Nb de visiteurs / mois	85 000
Nb de pages vues / mois	200 000
Durée de parution des offres	60 jours

Candidathèque

Nb de CV	9 500
Profil des candidats inscrits	Comptabilité / Finance / Contrôle de Gestion / Administration 13,4% Vente / Export 12,9% Marketing / RP / Publicité / Communication 11,3% Autres 14,5%

Services proposés aux candidats (gratuits)

• Consultation des offres

• Création d'une page personnelle (rubrique 'My Talent') afin d'éditer et de sauvegarder son CV, sa lettre de motivation et de répondre en un seul "clic" à chaque annonce

• Système d'alerte

Services proposés aux entreprises (payants)

• Dépôt d'offres

• Consultation avec filtre des CV des candidats présents sur la banque de données du site

Espace éditorial

• Actualité écoles, emploi, expatriation, conseils 1er emploi

• Newsletter : possibilité de recevoir la lettre d'information gratuite sur le monde de l'emploi, avec des articles présentant les tendances du recrutement dans les différents secteurs

Espaces de communication proposés

• Offres chartées, bannières, logos

- Interview en page d'accueil, présentation vidéo, *chat* événementiel, sponsoring de la newsletter

Nos commentaires

- Important réseau en Europe du sud : France, Espagne et Italie
- Partenariat avec LaGrandeEcole.com

www.rhjob.fr

Positionnement du site

Site de recrutement spécialisé dans les métiers des Ressources Humaines

Appartenance

Rhjob

Chiffres clés : Octobre 2001 – Source commerciale

Nb d'annonces	260
Nb de visiteurs / mois	44 000
Nb de pages vues / mois	410 000
Durée de parution des offres	60 jours

Candidathèque

Nb de CV	5000
Profil des candidats inscrits	Recrutement : 32 %
	Direction du personnel : 17,5 %
	Administration du personnel : 13%
	Formation : 10 %
	Juridique : 7 %
	Gestion de la mobilité : < 4 %
	Communication : 3,5 %
	Organisation : < 3 %
	Paie : 2 %
	SIRH : 2 %
	Bilan de compétences : 1,5 %
	Expatriation : 1 %
	Outplacement : < 1 %
	Rémunération : < 1 %
	Sécurité : < 1 %
	Ergonome : < 0,5 %

Services proposés aux candidats (gratuits)

- Consultation des offres
- Envoi des offres d'emplois par e-mail
- Dépôt et gestion des CV

- Rubrique Formation, forums de discussion, annuaires…

Services proposés aux entreprises (payants)

- Dépôt et gestion des offres
- Qualification des CV
- Surveillance des rendements

Espace éditorial

- Actualité RH, Newsletter

Espaces de communication proposés

- Bannière, boutons
- Présentation de l'entreprise, présentation vidéo…

Nos commentaires

- Site de référence sur ce secteur.
- Vient de lancer Forma-job (site dédié aux métiers de la formation)

www.lesjeudis.com

Positionnement du site

Site emploi spécialisé high-tech

Appartenance

Jbcom, créateur du salon de recrutement les Jeudis de l'Informatique & des Télécoms

Chiffres clés : Janvier 2001 – Source commerciale

Nb d'annonces	2 200
Nb de visiteurs / mois	44 000
Nb de pages vues / mois	380 000
Durée de parution des offres	60 jours

Candidathèque

Nb de CV	2 000
Profil des candidats inscrits	NC

Services proposés aux candidats (gratuits)

- Consultations des offres
- Dépôt des CV – système push
- Outcoaching : un consultant-métier entre en contact avec le candidat pour le guider

- Forums
- Inscription aux salons
- Rubrique conseils

Services proposés aux entreprises (payants)
- Recherche dans la CVthèque
- Sélection automatique des CV (qualification)

Espace éditorial
- Informations sur les salons
- Revue de presse

Espaces de communication proposés
- Fiche de présentation, vidéo...

Nos commentaires
- Notoriété des salons des Jeudis de l'Informatique

www.lve.fr

Positionnement du site
Site emploi spécialisé dans les fonctions marketing et commercial
Appartenance
Société FINLEA - Les Villages Emploi
Chiffres clés

Nb d'annonces	341
Nb de visiteurs / mois	NC
Nb de pages vues / mois	NC
Durée de parution des offres	1 mois

Candidathèque

Nb de CV	12 217
Profil des candidats inscrits	NC

Services proposés aux candidats (gratuits)
- Consultation des offres– système push (alerte)
- Dépôt des CV
- Adresse e-mail en partenariat avec Caramail
- Bureau en ligne
- Evaluation CV, préparation entretien (sous forme de questionnaire en ligne)

• Forum…

Services proposés aux entreprises (payants)

• Dépôt et gestion d'offres

• CV-thèque

Espace éditorial

• Actualité (+ archives)

• Législation du travail, adresses utiles…

Espaces de communication proposés

• Boutons et bannières

• Publirédactionnel

• Pop-up

• Mini site

• E-mailing

• Sponsoring push

Nos commentaires

• Lancé en août 1999 le site continue de se maintenir sur cette niche

www.erecrut.fr

Positionnement du site

Site emploi spécialisé NTIC (numérique – multimédia)

Appartenance

E-recrut.com. Fondé en avril 2000 par des anciens de l'INA

Chiffres clés : Novembre 2001 – source : Xitti

Nb d'annonces	450
Nb de visiteurs / mois	65 000
Nb de pages vues / mois	750 000
Durée de parution des offres	6 semaines mini

Candidathèque

Nb de CV (actifs)	17 000
Profil des candidats inscrits	Internet/multimédia 28% Informatique/Télécom 26% Audiovisuel/Numérique 14% Vente/Marketing 14% Communication 9% Conseil/Direction 6% Autres 3%

Services proposés aux candidats (gratuits)

- Consultations des offres
- Dépôt et gestion CV
- Annuaire des recruteurs
- Push (alerte)
- Forums…

Services proposés aux entreprises (payants)

- Dépôt et gestion d'offres
- CV-theque
- Multipostage
- Filtrage des candidatures
- Push ciblé
- Remise en tête de liste, choix mode de candidature, association question à l'annonce, ASP…

Espace éditorial

- Infos utiles
- Conseils carrières
- Actualités
- Fiches métier
- Espace formation…

Espaces de communication proposés

- Boutons, bannières
- Sponsoring newsletter, d'agent d'alerte
- Lien hypertexte
- Publi reportage
- Fiche société…

Nos commentaires

Site emploi très complet. Se positionne sur la même cible que la bourse emploi de Télérama (offres de l'INA)

www.emploicenter.com

Positionnement du site

Site spécialisé High Tech (informatique – Télécoms)

Appartenance

Benchmark Group, cabinet de recherche et d'analyse spécialisé dans l'édition d'études relatives au domaine de l'internet et des NTIC. Editeur du *Journal du net, L'internaute…*

Chiffres Clés : Juin 2001 – source : service commercial

Nb d'annonces	+ 1 000
Nb de visiteurs / mois	51 694
Nb de pages vues avec Publicité/ mois	549 000
Durée de parution des offres	2 mois

Candidathèque

Nb de CV		+ 1 500
Profil des candidats inscrits	Chefs de projet	18%
	Techniciens micro/réseau	12%
	Webmaster	11%
	Développeur	8%
	Admini./ Responsable réseau	8%
	Directeur technique	7%
	Techniciens SAV	7%
	Consultant nouvelles technologies	7%
	Admini./Responsable système	6%
	Webmarketer	5%
	Admini./Responsable BDD	5%
	Autres	6%

Services proposés aux candidats (gratuits)

- Consultation des offres
- Push (alerte)
- Dépôt CV
- Entreprises qui recrutent
- Mailing list

Services proposés aux entreprises (payants)

- Dépôt et gestion d'offres
- CV-thèque

Espace éditorial

- Actualité, interviews, dossiers, fiches métiers, agenda
- Lien vers les sites *Journal du net*…

Espaces de communication proposés

- Présentation entreprise
- Boutons, bannières
- Offres de la semaine
- Entreprises de la semaine
- Mini sites
- Vignettes, Pop-up, skyscraper, wall paper, publi-reportage
- Sponsoring newsletter
- Couplage possible avec *Journal du net*, *L'internaute*
- …

Nos commentaires

Bénéficie de la forte notoriété des newsletters du Benchmark group qui génèrent un trafic ciblé vers le site emploicenter

www.webcible.com

Positionnement du site

Site emploi portail vers les différents sites développés (NTIC, commerciaux, free-lance, « easy recrut », webcible conseil, guides)

Appartenance

Société Webcible

Chiffres clés : Juillet 2001 – Source : service commercial

JobNTIC	
Nb d'annonces	6 500
Nb de visiteurs / mois	+ 67 000
Nb de pages vues avec Publicité/ mois	695 000
Durée de parution des offres	Suivant abonnement
JobCommerciaux	
Nb d'annonces	1 200

Nb de visiteurs / mois	+ 20 000
Nb de pages vues avec Publicité/ mois	120 000
Durée de parution des offres	Suivant abonnement
JobFreelance	
Nb d'annonces	500
Nb de visiteurs / mois	+ 10 000
Nb de pages vues avec Publicité/ mois	98 000
Durée de parution des offres	Suivant abonnement

Candidathèque

JobNTIC	
Nb de CV	20 500
Profil des candidats inscrits	Technicien 15% Administrateur 13% Ingénieur 13% Chef de projet 12% Support technique 10% Système 11% Consultant 9% Analyste 8% Management 7% Webmaster 7% Autres 6%
JobCommerciaux	
Nb de CV	5 000
Profil des candidats inscrits	Commercial 22% Marketing 18% Communication 17% Avant/Après vente 10% Publicité 9% Technico-commercial 8% E-commerce 7% E-marketing 7% Télé-vente 3%
JobFreelance	
Nb de CV	750
Profil des candidats inscrits	NC

Services proposés aux candidats (gratuits)

- Consultations d'offres
- Push d'offres
- Dépôt CV

- Guides NTIC gratuit

Services proposés aux entreprises (payants)

- Dépôt et gestion d'offres (abonnement)
- CV-thèque
- Push CV
- Charte graphique
- Jobposting
- Tri et gestion automatique des réponses…

Espace éditorial

- Annonces produits
- Agenda salons
- Newsletter…

Espaces de communication proposés

- Logo, bannières
- Page de présentation
- Sponsoring newsletter
- …

www.qualisteam.fr

Positionnement du site

Portail spécialisé banque, bourse et finance. Propose une rubrique emploi

Appartenance

Qualisteam

Chiffres clés : Janvier 2001 – source : service commercial

Nb d'annonces	NC
Nb de visiteurs / mois	100 000
Nb de pages vues avec Publicité/ mois	600 000
Durée de parution des offres	45 jours

Candidathèque

Nb de CV	+ 1500
Profil des candidats	Direction général 19% Reseau, commercial 12% Marketing commercial 10% Direction Admi. et Fin. 10% D.A.F 10% Compt. /Gestion/ jur. 8% Informatique 7% Gestion Actif 4% Autres 20%

Services proposés aux candidats (gratuits)

- Consultation des offres
- Dépôt CV
- Lettre emploi
- Conseils à la rédaction de CV et lettre de motivation

Services proposés aux entreprises (payants)

- Dépôt d'offres
- CV-thèque (Possibilité de tester gratuitement la CV-thèque sans les coordonnées candidat)

Espace éditorial

- Librairie
- Forum
- Bourse
- Formations
- Assurances, Financements
- Actualités…

Espaces de communication proposés

- Boutons, bannières
- Mailing publicitaire

Nos commentaires

Site en ligne depuis 1998. Un éditorial très complet. Quelques offres sur la Grande Bretagne, la Suisse et la Belgique.

(Source : Étude Publicorp, Novembre 2001)

EXEMPLE DE NOTE DE SYNTHÈSE D'UNE CANDIDATURE

Société X

Poste : Directeur Commercial

CANDIDATURE DE MONSIEUR Y
42 ANS

PRÉSENTATION ET MOTIVATION POUR LE POSTE

Monsieur Y est un homme d'excellente présentation au contact agréable, ouvert et à l'écoute de son interlocuteur.

Il est toujours dans le secteur de l'équipement de la personne dans une mission ponctuelle pour le groupe S. Il a maîtrisé dans ses fonctions précédentes l'ensemble des fonctions de direction de réseau, et c'est pourquoi, le poste concernant toujours l'équipement de la personne, l'intéresse particulièrement.

PARCOURS PROFESSIONNEL

Diplômé de l'école supérieure de commerce de Rouen en 1982, Monsieur Y dispose d'une expérience de quinze ans dans l'animation de réseau.

Jeune diplômé, il intègre dans un premier temps le groupe L où il sera tout d'abord responsable grands comptes, commercialisant les produits du groupe aux centrales des hypermarchés et des succursalistes, à l'export, aux grands magasins et dans la vente par correspondance. Très en phase avec son marché, il a l'occasion de développer des équipements pour enfants et réalise un réel développement du chiffre d'affaires sur cette gamme.

Trois ans plus tard on lui donne la responsabilité des "corners" en magasins. Son réseau se développe de 3 à 30 points de vente, et il en assure le remodelage. Il met en place une structure avec un animateur des ventes puis est sollicité par J pour diriger sa filiale de distribution.

Son rôle a été de développer les magasins en centres villes et les corners. Ce fut pour lui une très grande responsabilité, et il a assuré un bon développement avec l'ouverture de quinze boutiques et de 40 points de vente.

Ses responsabilités vont de l'achat, à l'élaboration de collection et à la gestion des stocks. Il a eu une équipe sous sa responsabilité, allant jusqu'à vingt personnes, constituée d'animateurs des ventes. A la reprise par le groupe d'une entreprise dont le siège était basé à Monaco, le transfert du siège s'est fait sur cette zone, il a alors quitté le groupe, et son directeur général l'a ensuite regretté.

Il entre alors chez K pour redresser l'entreprise avec une nouvelle équipe, car celle-ci avait des problèmes de gestion particulièrement importants vis-à-vis de sa production en France et un positionnement prix en diminution. Il supervise trois animateurs des ventes en charge de 50 magasins et de 10 magasins d'usines. Son rôle est d'optimiser les points de vente et de développer la communication.

L'entreprise est familiale et assez limitée, il négocie son départ en 2001 et se lance alors dans le projet de reprise d'une entreprise pour laquelle il rencontre finalement des problèmes financiers qui ne le lui permettent pas. Depuis, il réalise un audit pour la société S en attendant de trouver une opportunité qui lui convienne.

Rémunération

Il avait 450 KF/an répartis en 32 000 F x 12 mois + pourcentage. Son souhait est de retrouver environ l'équivalent.

Disponibilité

Rapide.

Vie personnelle

Marié, sa femme est enseignante et ils ont deux enfants.

PERSONNALITÉ

Monsieur Y se décrit comme animateur, gestionnaire et homme de développement. Développeur, il a le sens du marketing/vente, et se montre dans ses relations professionnelles diplomate et consensuel.

Il doit faire évoluer le côté "fougueux" de son tempérament et prendre du recul par rapport aux difficultés. Très curieux, il a le souhait d'apprendre et de toujours progresser. Il n'a jamais eu de difficultés majeures dans la direction d'équipe relativement importante et se situe en dehors de relations purement hiérarchiques.

LES PLUS

- Rapidité et mobilité intellectuelles : passe facilement de l'analyse à la synthèse, fait preuve de polyvalence dans sa réflexion.

- Sens des détails : a l'œil à tout, ne laisse rien passer.

- Aptitude à faire des rapprochements ingénieux d'idées et à imaginer des solutions novatrices.

- Certain potentiel créatif dans son domaine de compétences.

- Souci de demeurer compétitif ce qui l'amène à remettre à jour ses compétences et à en acquérir d'autres.

- Rythme d'activité vif et enlevé : est sans cesse en mouvement, sait travailler dans le stress et l'urgence. C'est dans les périodes de creux qu'il se sent le moins bien.

- Développeur qui dispose de vues prospectives et stratégiques. Y parvient d'autant mieux qu'il a une bonne sensibilité marketing.

- Sens de la gestion, des chiffres, des questions pécuniaires.

- Allant, enthousiasme, entrain pour motiver des équipes et les entraîner vers le succès. Se situe dans une politique d'échange et de concertation.

- Animateur qui sait transmettre des savoirs, amener les gens à accepter le changement.

LES MOINS

- Tempérament assez nerveux qui est sensible à maîtriser son impatience, sa réactivité.

- Réagit devant ce qui lui déplaît.

- Vit en tension pour ne pas mettre parfois la pression auprès de ses équipes et s'investit fortement personnellement.

- S'il se montre volontiers caustique dans ses remarques, ne supporte pas toujours bien les plaisanteries à son encontre.

- Veut aller trop vite parfois dans ses explications.

CONCLUSION

Monsieur Y est un candidat motivé, compétent, qui a la dimension personnelle et professionnelle pour tenir le poste proposé.

Un peu plus de pondération, de mesure, de calme ne pourront qu'aider à son intégration, mais il reste toutefois une personne de valeur.

EXEMPLES DE PRISE DE RÉFÉRENCES

Les références de Monsieur Y ont été prises auprès de ses anciens dirigeants par téléphone.

SOCIÉTÉ X

> ## RÉFÉRENCES DE MONSIEUR Y
> ## CANDIDAT AU POSTE DE DIRECTEUR COMMERCIAL

Par B. B. ex.Pdg de K (95/2001) :

"J'ai un avis positif en ce qui le concerne. Je l'ai connu comme responsable du réseau des boutiques K. C'est un professionnel de la distribution, qui assumait la mise en place des tableaux de bord et un suivi des magasins, qui a été très efficace pour la relation client.

C'est un homme très sérieux, appliqué, qui va dans le détail, fiable et de confiance.

Le contexte était compliqué notamment avec la famille dont les avis divergeaient et cela n'a pas été simple pour lui.

Il a besoin d'un climat de confiance pour bien fonctionner. S'il se trouve dans un conflit et que celui-ci est dur, comme cela a été le cas, il a une difficulté à s'exprimer et se sent mal à l'aise.

Sérieux, compétent, de confiance, il a souhaité partir à cause du contexte mais il aurait pu rester.

Il respecte la hiérarchie, applique les consignes et s'il avait deux directions qui divergent, il y serait mal à l'aise. C'est un homme très franc, très honnête pas vraiment politique mais qui sait convaincre.

Par rapport au poste décrit cela semble bien lui correspondre. Ce n'est pas un homme qui casse la porcelaine, il n'impose pas son autorité. La confiance établie avec sa hiérarchie est un élément de sa réussite, il a besoin d'échanges réguliers, d'être réconforté si nécessaire en tout cas de valider ses choix".

Par J.-C. D. Pdg de J :

"Je l'ai embauché, et je le définirai d'abord comme un organisateur qui sait définir les procédures, les mettre en place et les faire respecter. Ensuite c'est un meneur d'hommes, capable de faire bouger les gens, de les motiver dans un projet. Quand il a quelque chose en tête il peut ne pas toujours chercher à contourner l'obstacle et se montre quelque peu entêté.

Cela dit, il sait s'entourer et faire avancer les hommes dans le même sens.

Il avait un rôle de chef de produits/acheteur, la mode n'est pas son truc, il ne sent pas les produits mais il sait analyser un marché.

C'est un homme honnête, il est très agréable dans ses relations et n'a jamais créé de conflit dont on peut se souvenir. Il est parfait avec son patron, il aime ses équipes et sait se faire aimer par ceux avec lesquels il travaille.

Chez L il n'a pas fait trop d'effort avec ses collatéraux.

La reprise de TM l'a fait quitter l'entreprise suite notamment au transfert d'activité sur le sud de la France. De plus, il ne partageait pas le point de vue de celui qui avait vendu l'affaire et avec lequel il aurait dû collaborer (cela dit il n'avait pas tort...).

Je le recommande sans problème".

CHARTE DES MEMBRES DU SYNDICAT DU CONSEIL EN RECRUTEMENT (SYNTEC)

Le conseil en Recrutement recherche l'adéquation des hommes à leurs futures responsabilités et s'applique à concilier ainsi l'épanouissement des personnes et l'efficacité des entreprises.

1. Il exerce sa profession dans le respect des droits fondamentaux de la personne humaine. Il est, en particulier, respectueux de la vie privée et ne pratique aucune discrimination ethnique, sociale, syndicale, sexuelle, politique, religieuse.

2. Il s'emploie à transmettre l'échange d'informations complètes et sincères entre les parties concernées. Il éclaire la réflexion de celles-ci et favorise l'expression d'un choix libre et responsable.

3. Il se conforme aux exigences du secret professionnel et s'interdit d'utiliser les informations qu'il reçoit à d'autres fins que la réussite de la mission.

4. Il ne reçoit aucune rémunération de la part des candidats, déclarés ou potentiels.

5. Il n'accepte que des missions qu'il estime, en conscience, correspondre à sa formation et à ses aptitudes.

6. Il intervient sur la base d'une proposition écrite qui définit avec précision le contenu et les modalités de la mission, nécessairement exclusive, qui lui est confiée.

7. Il met en œuvre des méthodes validées qu'il maîtrise et a le souci de l'amélioration constante de la qualité de ses techniques et de la compétence professionnelle de ses consultants.

8. Il formule des appréciations limitées aux seules perspectives professionnelles de la mission dont il a la charge.

9. Il tient informé ses interlocuteurs, entreprises et candidats, de l'évolution de la mission.

10. Il observe les règles d'une concurrence loyale à l'égard de ses confrères.

Chaque adhérent s'engage à respecter et faire respecter l'ensemble des principes énoncés dans cette charte.

Conditions générales d'intervention des conseils en recrutement syntec conseil

1 - Proposition

Toute mission qui nous est confiée donne lieu à une proposition écrite qui confirme notre accord et précise nos conditions de collaboration. Elle est accompagnée de nos conditions générales d'intervention. Pour signifier son accord et permettre le démarrage de la mission, le client nous fait parvenir son accord écrit, daté et signé, sur notre proposition et sur nos conditions générales d'intervention.

2 - Honoraires

Nos honoraires sont fixés forfaitairement et établis hors taxes.

Un premier versement est facturé au démarrage de la mission. Les modalités de paiement sont prévues dans notre proposition.

Nos factures sont payables à réception.

En cas de paiement anticipé, aucun escompte ne sera pratiqué.

Le client est de plein droit redevable d'une pénalité pour retard de paiement conformément à la loi en vigueur.

3 - Frais

Les frais occasionnés par la recherche sont engagés avec l'accord préalable du client et lui sont facturés séparément. Ils peuvent comprendre notamment les frais suivants :

– les frais de déplacement et de séjour éventuels engagés par le consultant avec l'accord du client,

– les frais de déplacement des candidats présentés au client,

– les frais administratifs (téléphone, courrier, secrétariat...)

– l'achat d'espace en cas particulier d'achat direct par le cabinet.

Par contre, les frais d'annonces (achats d'espaces et frais techniques) correspondant à la campagne d'annonces sont facturés directement au client par notre agence de publicité.

Tous autres frais éventuels en relation avec la mission devront faire l'objet d'un accord préalable du client avant leur refacturation sur justificatifs. Le paiement des factures de frais obéit aux mêmes règles que celui des factures d'honoraires.

4 – Taxes

Nos honoraires et frais sont soumis à la TVA au taux en vigueur.

5 – Exclusité et candidatures directes

Toute mission qui nous est confiée est exclusive.

En conséquence, pendant la durée de la mission, toute candidature interne ou externe, reçue directement par le client, doit nous être transmise. Nous nous engageons alors à l'intégrer dans notre sélection.

Aucune modification dans le calcul des honoraires prévus dans la proposition acceptée par le client, ne pourra être apportée dans le cas où l'un des candidats concernés est engagé.

6 – Recrutements complémentaires

Si, dans le cadre de la même mission, d'autres candidats présentés sont recrutés, il sera perçu, par personne engagée, des honoraires complémentaires tels que prévus dans notre proposition.

Cette clause s'entend pour une durée d'une année à compter de la date d'accord par le client de notre proposition.

7 – Responsabilité

Compte tenu de la nature de nos relations contractuelles avec le client, nous sommes tenus à une obligation de moyens, à laquelle nous consacrons toute notre compétence et notre professionnalisme.

Le client, quant à lui s'engage à nous fournir des renseignements suffisants et à se comporter loyalement à notre égard.

Si, après une première recherche, aucun candidat présenté n'a été retenu ou si le candidat engagé n'est pas confirmé dans ses fonctions à l'issue de sa période d'essai, pour des raisons qui remettent en cause la crédibilité du cabinet, nous nous engageons à procéder, sans honoraires supplémentaires, à une nouvelle recherche. Cependant, les frais éventuels d'annonces, de déplacement, et des frais administratifs seront à la charge du client. Cet engagement est limité à une seule opération de recherche supplémentaire et ne s'applique pas lorsque le contenu ou l'environnement du poste a été modifié pendant la période d'essai.

Nous ne sommes pas responsables des désistements éventuels des candidats par suite d'un délai de réponse trop long de la part du client, le solde de nos honoraires restant alors dû, dans son intégralité.

8 – Annulation ou modification de la mission

En cas d'annulation de la mission du fait du client, nos honoraires sont calculés de la manière suivante :

- le premier versement reste acquis dès que la mission est engagée,
- et le solde est fonction de l'avancement de la mission. Toute facturation déjà effectuée reste acquise.

Toute modification de recherche ou tout changement de profil imposé par le client en cours de mission est assimilé à une annulation suivie du démarrage d'une nouvelle recherche donnant lieu à la facturation d'un nouveau forfait d'honoraires tel que prévu au point 2 des présentes conditions générales d'intervention.

9 – Litiges

Tout litige relatif à l'interprétation et/ou à l'exécution de la proposition et des conditions générales d'intervention sera, à défaut d'accord amiable, de la compétence exclusive du Tribunal de Commerce dans le ressort duquel se trouve notre siège social.

10 – Nos principaux engagements

Soucieux de respecter en tous points les règles d'éthique et de déontologie édictées par la Chambre Syndicale SYNTEC CONSEIL (une copie du code de déontologie sera remis au client sur demande) nous nous engageons notamment :

- à fournir sur toute mission l'ensemble des compétences requises,
- à entretenir une relation loyale avec le client, fondée sur l'indépendance d'esprit, la prise en compte des objectifs fixés et le respect individuel,
- à garantir la confidentialité des informations,
- à ne pas servir des intérêts en conflit avec ceux du client,
- à conserver toujours l'indépendance de notre jugement professionnel et à respecter la liberté et l'intégrité des personnes,
- à nous tenir strictement à notre rôle de conseil à l'égard du client et des candidats potentiels et à ne pas nous substituer à eux dans l'exercice de la décision finale.

Bibliographie

M.-M. BERNIE, A. d'ABOVILLE, *Les tests de recrutement*, Editions d'Organisation, 2000

Frédérique BOUVRY, *Guide pratique des tests et outils d'évaluation*, CSNCR, 1995

Cécile CANIEZ, Véronique JAILLET, Pascale LEVET, Pascal POIGET, Jean THILY, *Le guide de la recherche d'emploi*, Editions d'Organisation, 1999

Jean-Jacques CAUSSAIN, *10 conseils pour votre contrat de dirigeant*, Publi Union, 1991

Jean-Pierre DOURY, *L'art de mener un entretien de recrutement*, Editions d'Organisation, 1992

Victor ERNOULT, *Recruter sans se tromper*, Editions d'Organisation, 2000

FEVRE, SERVAIS, SOTO, *Guide du maître praticien en PNL*, Chronique Sociale, 1997

Gwénolé GUIOMARD, *Le guide des professionnels du recrutement*, Les Editions du Management, 2001

Thierry LUPIAC, *Analyse de la jurisprudence relative aux conseils en recrutement*, Rapport SYNTEC, 1998

Thierry LUPIAC, *Consultant d'entreprise*, Delmas, 2001

Ouvrage collectif, *Trouver un emploi sur Internet*, Micro-Application, 2000

Ouvrage collectif, *10 outils clés du recruteur*, Orc & Go, éditions 1998

Ouvrage collectif, *10 outils clés du cyber recruteur*, Orc & Go éditions, 2000

Daniel POROT, *101 questions pièges de l'entretien d'embauche... et les réponses pour décrocher le job*, Editions d'Organisation, 2001

J.-P. QUETANT, M. PIERCHON, *L'embauche, guide juridique et pratique*, Editions d'Organisation, 1998

Claude SANTOY, *La graphologie en 10 leçons*, Les Editions de l'Homme, 2000

H.-H. SIEWERT, R. SIEWERT, *Les tests psychotechniques*, Editions d'Organisation, 2000

Robert ULMAN, *Guide des conseils en recrutement* (16ème édition) Cercomm (16ème Edition), 2002

Jean-Paul VERMES, *Le guide du CV*, Editions d'Organisation, 2002

Index

www.ingramcontent.com/pod-product-compliance
Lightning Source LLC
Chambersburg PA
CBHW061139220326
41599CB00025B/4295